AF098894

www.ingramcontent.com/pod-product-compliance
Lightning Source LLC
LaVergne TN
LVHW020438080526
838202LV00055B/5252
9788119022083

بچوں کے چاچا نہرو

پنڈت جواہر لال نہرو کے حالات زندگی
اور ان کے خیالات

مصنف:
لکشمن پرشاد بھاردواج

© Taemeer Publications

Bachchon ke Chacha Nehru

by: Laxman Prasad Bhardwaj

Edition: January '2023
Publisher & Printer:
Taemeer Publications, Hyderabad.

ISBN 978-81-19022-08-3

مصنف یا ناشر کی پیشگی اجازت کے بغیر اس کتاب کا کوئی بھی حصہ کسی بھی شکل میں بشمول ویب سائٹ پر اَپ لوڈنگ کے لیے استعمال نہ کیا جائے۔ نیز اس کتاب پر کسی بھی قسم کے تنازع کو نمٹانے کا اختیار صرف حیدرآباد (تلنگانہ) کی عدلیہ کو ہو گا۔

© تعمیر پبلی کیشنز

کتاب	:	**بچوں کے چاچا نہرو**
مصنف	:	**لکشمن پرشاد بھاردواج**
صنف	:	ادب اطفال
ناشر	:	تعمیر پبلی کیشنز (حیدرآباد، انڈیا)
زیر اہتمام	:	تعمیر ویب ڈیولپمنٹ، حیدرآباد
سالِ اشاعت	:	۲۰۲۳ء
تعداد	:	(پرنٹ آن ڈیمانڈ)
طابع	:	تعمیر پبلی کیشنز، حیدرآباد – ۲۴
صفحات	:	۶۰
سرورق ڈیزائن	:	تعمیر ویب ڈیزائن

فہرست

باب(۱)	بچپن کا ایک واقعہ	8
باب(۲)	کشمیر سے الہ آباد	11
باب(۳)	بچپن کا زمانہ	13
باب(۴)	تعلیم	16
باب(۵)	سیاسی تیاری	21
باب(۶)	کسانوں کے درمیان	26
باب(۷)	جنگ آزادی میں پیش قدمی	29
باب(۸)	پنڈت موتی لال نہرو کی وفات اور بہار کا زلزلہ	34
باب(۹)	کملا نہرو کی موت	36
باب(۱۰)	گذشتہ دس سال	38
باب(۱۱)	کچھ اور باتیں	42
باب(۱۲)	زبردست اہل قلم	49
باب(۱۳)	پنڈت جواہر لال کے خیالات	56

تعارف

پنڈت جواہر لال نہرو کے حالات زندگی اور ان کے خیالات پر یہ مختصر کتابچہ لکشمن پرشاد بھردواج نے بچوں کے لیے تحریر کیا تھا جو سن ۱۹۴۷ء میں لکھنؤ کے مشہور نول کشور پریس سے شائع ہوا۔

فاضل مصنف نے اس کتابچے میں سہل اور آسان فہم زبان میں جواہر لال نہرو کے خاندان، ان کے بچپن و تعلیم، ان کی سیاسی تیاری اور جنگ آزادی میں پیش قدمی، والد موتی لال نہرو اور اہلیہ کملا نہرو کی وفات جیسے موضوعات کے علاوہ جواہر لال نہرو کی قلمی صلاحیتوں اور ان کے خیالات، افکار و نظریات کا دلچسپ جائزہ پیش کیا ہے۔

تعمیر پبلی کیشنز کی جانب سے اسی دلچسپ یادگار کتاب کا ایک جدید ایڈیشن شائع کیا جا رہا ہے۔

پنڈت جواہر لال نہرو

پہلا باب

بچپن کا ایک واقعہ

آج سے اٹھارہ برس پہلے کی بات ہے۔ اُن دنوں میں بھی تمہاری عمر کا تھا۔ اپنے ملک کے بڑے آدمیوں کے حالاتِ زندگی پڑھنے کا مجھے بڑا شوق تھا۔ میں نے مہاتما گاندھی کی خود نوشت سوانح عمری اسکول کی لائبریری سے لے کر پڑھی۔ اُس وقت اس کتاب سے میں پورا فائدہ تو حاصل نہیں کر سکا، البتہ میرے دل پر اُس کا بہت گہرا اثر ہوا۔ اس سے دوسرے لیڈروں کے حالاتِ زندگی پڑھنے کی خواہش میرے اندر اس قدر قوی ہو گئی کہ مہاتما جی کے بعد پنڈت جواہر لال نہرو کے واقعاتِ زندگی پڑھنے کی خواہش میرے دل میں زور مارنے لگی۔ اُس زمانہ تک اُن کی خود کی لکھی ہوئی "میری کہانی" چھپی نہ تھی۔ بازار میں بعض کتابیں اُن کے حالات سے متعلق بِکتی ضرور تھیں، لیکن وہ میری تسلی کے لیے کافی نہ تھیں۔ میں تو اُن کے بارہ میں ایسی کتاب کا خواہشمند تھا جیسی مہاتما گاندھی کی خود نوشت سوانح عمری۔ بہرحال یہ خواہش اُس وقت تو پوری نہ ہو سکی لیکن ایک سنہرا موقع جلد ہی میرے ہاتھ آ گیا۔ وہ کیا؟

یہ تو تم جانتے ہی ہو گے کہ کانگریس ایک بہت بڑی جماعت ہے جو سارے ملک میں پھیلی ہوئی ہے۔ ہمارے ملک کے لاکھوں مرد اور عورتیں اُس کے ممبر ہیں۔ ان سب لوگوں کے لیے یہ تو مشکل ہے کہ وہ کسی ایک ہی جگہ پر اکٹھے ہو کر ضروری باتوں کو طے کر سکیں۔ اس لیے ہر ضلع کی کانگریس کمیٹی کے ممبروں سے صوبہ کے ممبر اور صوبہ کے ممبروں سے پورے ہندوستان کی کانگریس کمیٹی کے ممبروں کا انتخاب ہوتا ہے جن کا سب سے بڑا جلسہ سال میں صرف ایک مرتبہ ہوتا ہے جو پورے ہندوستان کی قومی جماعت کا سالانہ اجلاس کہلاتا ہے۔ درمیان میں جو پیچیدہ مسائل ملک کے سامنے آتے رہتے ہیں اُن پر غور کرنے اور اُن کا مناسب حل تلاش کرنے کے لیے ملک کے لیڈروں کی ایک کمیٹی بنائی جاتی ہے جس کو مجلسِ عاملہ

کہا جاتا ہے۔ یہی مجلس عاملہ درحقیقت کانگریس کی روح رواں ہوتی ہے۔

جن دنوں کی بات میں لکھ رہا ہوں اُن دنوں کانگریس کا سالانہ اجلاس دہلی میں ہونے والا تھا جو ہمارے شہر سے بہت دور نہ تھا۔ مَیں نے یہ خبر اپنے بعض ساتھیوں کو سنائی۔ آپس میں کچھ تبادلہ خیال ہوا۔ بات کی بات میں یہ خبر سارے درجہ میں پھیل گئی۔ نوجوانوں کے ارادہ کے آگے دنیا کی بہت کم مشکلیں پیش پاتی ہیں۔ چند ہی گھنٹوں میں ہم لوگوں کی ایک اچھی خاصی ٹولی دہلی جانے کے لیے تیار ہوگئی۔ دن تھا اتوار یا کسی اور چھٹی کا۔ اس سفر کا مقصد تھا ملک کے اُن لیڈروں کے درشن کرنا جو ہماری اور ہمارے ملک کی قسمت بنانے والے تھے۔

گاڑی دو گھنٹوں سے کچھ کم ہی وقت میں دہلی پہونچ گئی۔ ہماری ٹولی اسٹیشن سے اُتر کر سیدھی لیجسلیٹو اسمبلی کے صدر آنریبل وٹھل بھائی پٹیل آنجہانی کی کوٹھی کی طرف چل دی۔ جن سردار ولب بھائی پٹیل موجودہ نائب وزیر ہند کا نام آج کل تم اخباروں میں پڑھتے ہو، وہ ان ہی کے بھائی تھے۔ ہم سب لوگ اُن ہی کی کوٹھی میں پہونچ کر رُک گئے جہاں ورکنگ کمیٹی کا جلسہ ہو رہا تھا۔ طالب علم تو ہم لوگ تھے ہی تمہاری طرح، پارک میں کوٹھی کے اندر، گھاس کے میدان میں اور پیڑوں کے سایہ میں ورکنگ کمیٹی کے جلسہ کے ختم ہونے کا انتظار کرنے لگے۔ وہیں پر کسانوں کی ایک ٹولی بھی آکر ہم میں مل گئی۔

شام کو چار بجے جلسہ ختم ہوا۔ سب لیڈر ایک ایک کرکے باہر نکلے۔ اُن کو دیکھ کر ہم لوگ خوشی سے پھولے نہ سماتے تھے، تھوڑی دیر میں نکلے پنڈت جواہر لال نہرو۔ جوانوں کے سب سے بڑے اور قابل پرستش لیڈر۔ ہم نے ہاتھ جوڑ کر اُن کو سلام کیا۔ مُسکراتے ہوئے ہاتھ جوڑ کر اُنھوں نے بھی ہمارا یہ سلام قبول کیا۔

ہم نے اُن سے عرض کیا "پنڈت جی! ہم آپ سے کچھ باتیں کرنا چاہتے ہیں"۔ اُنھوں نے جواب دیا "بڑی خوشی کے ساتھ"۔ اتنا کہہ کر وہ ہماری طرف بڑھے اور پاس آکر کھڑے ہوگئے۔ اُن کو اپنے بیچ میں دیکھ کر ہم اپنی قسمت پر ناز کرنے لگے۔ اُنھوں نے پوچھا "اچھا کہیے، آپ لوگ کیا کہنا چاہتے ہیں؟"

کن کن باتوں پر گفتگو ہوئی، یہ تو مجھے اب پورے طور پر یاد نہیں آتا، لیکن جس جس کے جی میں جو کچھ تھا سب ہی نے پوچھا اور کہا۔ پنڈت جی غیر معمولی دلچسپی کے ساتھ ہماری باتوں کو سُنتے اور جواب دیتے

رہے۔ اُن کے کچھ جواب بڑے دلچسپ تھے، جنھیں سُن کر ہم لوگوں کو ہنسی بھی آجاتی تھی۔ ہمارے ساتھ وہ بھی ہنس پڑتے تھے۔ جس طرح وہ ہم لوگوں کے ساتھ پیش آئے اُس کو دیکھ کر ایسا معلوم ہوتا تھا کہ مادر وطن کی خدمت کا حوصلہ رکھنے والے نوجوانوں سے بات چیت کرنے میں انھیں بڑا لطف آرہا تھا۔ اُن سے گفتگو کرتے وقت ہم لوگ اپنے آپ کو چھوٹے چھوٹے "دیش بھگت" سمجھ رہے تھے۔ نوجوانوں اور خاص کر طالب علموں کے حلقہ میں اُن دنوں اور آج بھی پنڈت جی کیوں اتنے ہر دلعزیز ہیں۔ اس سوال کا جواب اُس دن وہیں پر مل گیا۔

جس محبت سے کھڑے کھڑے تقریباً ایک گھنٹہ تک پنڈت جی نے ہم لوگوں سے بات چیت کی وہ کبھی بھلائی نہیں جاسکتی۔ اس سوال جواب ختم ہونے پر چلتے وقت میں نے کہا "پنڈت جی! مہربانی کرکے ہمیں اپنا پتہ لکھ دیجیے، تاکہ اگر کبھی کوئی ضرورت پڑے تو ہم آپ کو خط لکھ سکیں" فوراً جیب سے فاؤنٹین پن نکالا اور لکھا۔

جواہر لال - آنند بھون - پریاگ

اُس وقت سے آج تک مختلف موقعوں پر پنڈت جی کے درشن کرنے کی مجھے عزت حاصل ہوئی ہے۔ ریل میں، طالب علموں کے جلسوں اور پبلک سبھاؤں میں۔ لیکن اُس دن کی پہلی ملاقات کچھ اور ہی تھی۔ اس پرچہ کو میں نے بڑی احتیاط سے آج تک اپنے پاس محفوظ رکھا ہے جو ایک بیش قیمت یادگار کے طور پر ہے۔ اس کو لکھا تھا بھارت ماتا کے سپوت، ملک کی خاطر سختیاں برداشت کرنے والے، بلند ہمت اور بلند خیال نوجوان لیڈر اور اب **آزاد بھارت** کے پہلے وزیر اعظم پنڈت **جواہر لال نہرو** نے اپنے ہاتھ اور اپنے قلم سے، جن کی اَن تھک کوششوں اور قربانیوں سے ہمارے ملک کو آزادی نصیب ہوئی ہے۔ بچپن کے اس واقعہ کی یاد آج بھی میرے ذہن میں اُسی طرح تازہ ہے جیسے اُس وقت تھی۔ چنانچہ اپنی اُسی وقت کی عقیدت مندی کے اثر سے جو ہمیشہ بڑھتی ہی رہی میں نے ملک کے اس بلند پایہ اور محبوب لیڈر کے حالات زندگی آسان زبان میں مختصر کرکے اس کتاب میں قلمبند کیا ہے تاکہ اُن سے تم اپنی سمجھ کے مطابق زیادہ سے زیادہ فائدہ حاصل کرسکو۔

لکشمن پرشاد بھردواج

دوسرا باب

کشمیر سے الہ آباد

کتاب کے دوسرے صفحہ پر بنی ہوئی تصویر کو دیکھو۔ تخت پر مغل بادشاہ فرخ سیر رونق افروز ہے۔ سامنے راج کول نام کے ایک نیک برہمن بیٹھے ہیں۔ یہ نظارہ ہے کشمیر کا اور واقعہ ہے ۱۷۱۶ء کا۔

یہ راج کول کون ہیں اور بادشاہ اُن سے کیا کہہ رہا ہے؟ غالباً ان باتوں کے جاننے کے تم خواہشمند ہو گے۔ اچھا، ٹھہرو، میں تمھیں سب بتائے دیتا ہوں۔

یہ راج کول جی، پنڈت جواہر لال نہرو کے مورثِ اعلیٰ ہیں۔ نہرو خاندان کا اصلی گھر کشمیر میں تھا جو ہمارے ملک کا سب سے خوبصورت حصّہ ہے اور کشمیر جنّت بے نظیر کہا جاتا ہے۔ آج سے دو سو سال پہلے راج کول جی نے سب سے پہلے کشمیر چھوڑا تھا۔ پنڈت راج کول سنسکرت اور فارسی کے بہت بڑے عالم تھے۔ شاید تم جانتے ہو کہ مغل بادشاہوں کو کشمیر سے بڑی محبت تھی۔ اورنگ زیب کے بعد فرخ سیر ہندوستان کے تخت شاہی پر بیٹھا تھا۔ راج کول جی جو فارسی کے بھی زبردست عالم تھے، اُن کی شہرت بادشاہ تک پہونچ گئی تھی۔ جب بادشاہ کشمیر گیا تو راج کول جی کو اپنے دربار میں بُلایا۔ پنڈت راج کول جی کی علمیت سے بادشاہ بہت خوش ہوا اور اُن سے دہلی چلنے کی خواہش کی۔ پنڈت راج کول جی راضی ہو گئے اور اس طرح کچھ دنوں کے بعد کشمیر چھوڑ کر وہ دہلی میں آبسے۔

دہلی میں بادشاہ نے راج کول جی کو ایک جاگیر اور رہنے کے لیے ایک مکان عطا کیا۔ یہ مکان ایک نہر کے کنارے واقع تھا۔ چنانچہ اسی مناسبت کی وجہ سے ان کا نام "نہرو" پڑ گیا۔

نہرو خاندان دہلی میں عرصہ تک کافی ترقی کرتا رہا۔ اس خاندان کے لوگ معزز عہدوں پر مامور رہے۔ پنڈت جواہر لال کے دادا گنگا دھر نہرو شہر دہلی کے کوتوال تھے۔

آخر کار ۱۸۵۷ء کی ہماری آزادی کی پہلی جنگ کا زمانہ آیا۔ اس جنگ میں ہمارے ملک کے رہنے والوں کو جان اور مال کی بڑی قربانی کرنی پڑی۔ ہزاروں انسان اس جنگ آزادی کے بھینٹ چڑھ گئے اور ہزاروں تباہ و برباد ہوئے۔ پنڈت گنگا دھر نہرو بھی ان حوادث کا شکار ہوئے

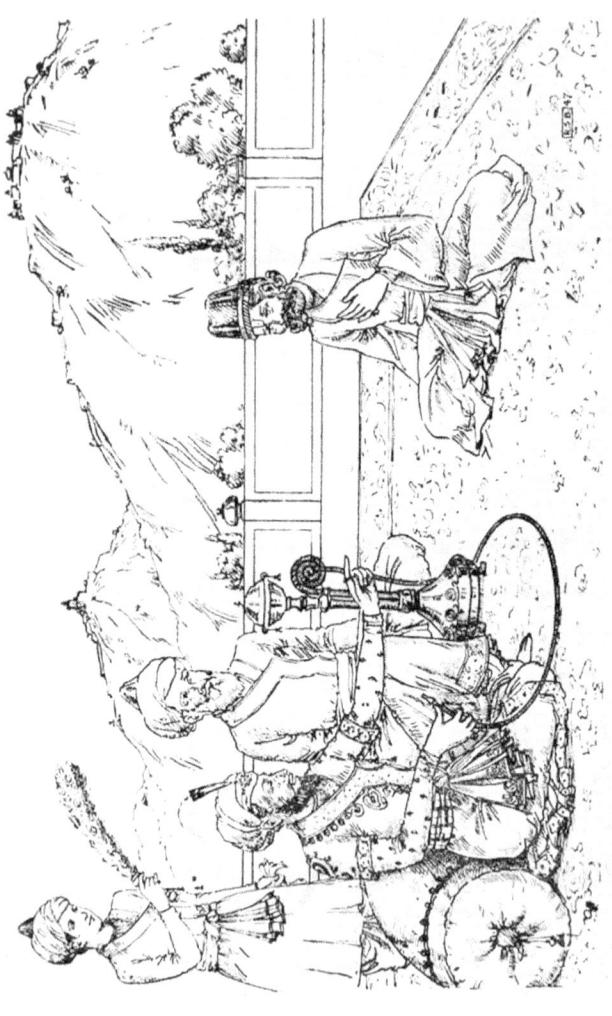

پنڈت راج کول اور بادشاہ فرخ سیر

بغیر نہ رہ سکے، اور اُن کو نہ صرف کافی مال و جائداد کے نقصان سے دوچار ہونا پڑا بلکہ اُن کے کچھ بہت سے ضروری کاغذات بھی تلف ہو گئے۔ اس طرح قسمت کے چکر میں پھنس کر گنگا دھر جی دہلی سے آگرہ چلے گئے اور نہرو خاندان وہاں منتقل ہو گیا۔

۶ مئی ۱۸۶۱ء کا دن ہندوستان کے لیے ایک مبارک دن تھا جس میں کہ بھارت ماتا کے دو بڑے سپوتوں نے جنم لیا، یعنی ایک جواہر لال نہرو کے والد، مجسمۂ ایثار، شری موتی لال نہرو اور دوسرے دنیا بھر میں شہرت اور عزت حاصل کرنے والے شاعر رابندر ناتھ ٹیگور۔

پنڈت موتی لال نہرو کی ابتدائی تعلیم پرانے قسم کے مکتبوں میں ہوئی۔ اُن کی تعلیم کا انتظام اُن کے بڑے بھائی شری نندلال نہرو نے کیا۔ مکتبوں ہی میں اُنھوں نے اُس زمانہ کے رواج کے مطابق ضروری فارسی اور عربی کی تعلیم حاصل کی، اس کے بعد کانپور جا کر گورنمنٹ ہائی اسکول میں بھرتی ہو گئے۔ نندلال جی آگرہ میں وکالت کرتے تھے۔ کچھ عرصہ بعد وہ آگرہ سے الہ آباد چلے آئے اور وہاں ہائی کورٹ میں وکیل ہو گئے۔ اُن کے ساتھ ہی نہرو خاندان بھی الہ آباد چلا آیا۔ ہائی کورٹ کی وکالت کا امتحان پاس کرنے کے بعد موتی لال جی بھی الہ آباد ہائی کورٹ میں وکالت کرنے لگے۔ اس طرح آگے چل کر الہ آباد کو پنڈت جواہر لال نہرو کے مقام پیدائش بننے کی عزت حاصل ہوئی۔

تیسرا باب

بچپن کا زمانہ

پنڈت جواہر لال نہرو کا جنم پریاگ (الہ آباد) کے تاریخی شہر میں ۱۴ نومبر ۱۸۸۹ء کو ہوا۔ اُن کی پیدائش کے وقت تک اُن کے والد پنڈت موتی لال نہرو الہ آباد ہائی کورٹ کے ایک بہت ہی مشہور اور کامیاب وکیل ہو چکے تھے۔ اُن کی آمدنی بھی دن بدن بڑھ رہی تھی۔ اس لیے گھر میں نوکر چاکر اور دوسری عیش و آرام کی چیزوں کی کمی نہ تھی۔ پنڈت جواہر لال کی ماں کا نام شریمتی سروپ رانی نہرو تھا۔ دولتمند ماں باپ کے اکلوتے بیٹے ہونے کی وجہ سے جواہر لال جی کی پرورش بڑے ہی دُلار پیار سے ہوئی۔

بچپن میں اُنھیں کسی اسکول میں پڑھنے نہیں بھیجا گیا۔ اُن کی دیکھ بھال کے لیے انگریز میمیں اور پڑھانے کے لیے کئی اُستاد نوکر رکھے گئے۔ لڑکپن میں جن لوگوں کا اُن پر بہت اثر پڑا اُن میں سے ایک تھے منشی مبارک علی وہ بدایوں کے رہنے والے تھے اور پنڈت موتی لال جی کے پاس کام کرتے تھے نہرو خاندان کی طرح اُن کے بزرگوں کو بھی ۱۸۵۷ء کے غدر میں انگریزی فوج کے ہاتھوں بڑا نقصان اُٹھانا پڑا۔ یہ منشی جی بڑے نیک اور لائق واقع ہوئے تھے۔ بچوں سے بڑی شفقت اور محبت سے پیش آتے تھے۔ جب کبھی جواہر لال کسی بات پر رنجیدہ ہوتے یا اُنھیں کوئی تکلیف پہونچتی تو وہ بلا تکلف منشی جی کے پاس چلے جاتے۔ منشی جی انھیں ہر طرح سے تسلی دیتے اور اُن کے دل میں ہمت اور حوصلہ پیدا کرتے۔

منشی جی میں ایک خاص وصف اور تھا جس کی وجہ سے جواہر لال جی اُن سے بہت مانوس تھے وہ وصف تھا، منشی جی کی کہانیاں کہنے کی خداداد لیاقت، اُن کے پاس کہانیوں کا تو جیسے ایک خزانہ تھا۔ پُرانے زمانہ کے بہت سے قصّے کہانیاں انھیں زبانی یاد تھیں۔ سُننے والوں کا کبھی جی نہ بھرتا اور خواہش ہوتی کہ منشی جی برابر کہانیاں کہتے رہیں اور وہ لوگ سُنتے رہیں۔ دنیا کے سب ہی بچوں کو کہانیاں بڑی پیاری لگتی ہیں۔ جواہر لال اُن کے پاس لیٹے لیٹے گھنٹوں الف لیلیٰ کی کہانیاں سُنا کرتے۔ الف لیلیٰ کی کہانیاں تو تم نے بھی سُنی ہوں گی۔ سندباد جہازی، علاءالدین اور جادو کا چراغ، جادو کا گھوڑا، علی بابا اور چالیس چور، وغیرہ وغیرہ، یہ سب کہانیاں الف لیلیٰ کی مشہور کہانیاں ہیں، جس کو دنیا کی کہانیوں میں ایک خاص درجہ حاصل ہے۔ کبھی کبھی منشی جی اُنھیں ۱۸۵۷ء کے غدر کے واقعات کو بڑے دلچسپ پیرایہ میں سُناتے تھے۔ اس طرح منشی جی نے جواہر لال کے دل پر جو ابھی بچے ہی تھے اپنا سکّہ جما لیا تھا۔ جواہر لال نے خود ایک جگہ لکھا ہے کہ منشی جی کی پیاری اور خوش کرنے والی یاد اب بھی میرے خیال میں بسی ہوئی ہے۔

رامائن اور مہا بھارت ہندو دھرم کی دو بڑے پایہ کی کتابیں ہیں۔ ملک کی ہندو عورتوں کو وہ بڑی پیاری ہیں۔ اپنا مذہبی فرض سمجھ کر وہ انھیں پڑھتی ہیں۔ جواہر لال کی ماں اور پھوپھی بھی ان کتابوں کو بڑے پریم سے پڑھتی تھیں۔ ان کتابوں کی بہت سی کہانیاں وہ اُنھیں سُنایا کرتی تھیں اس طرح ہندو مذہب کی بھی بہت سی کہانیاں اُن کو معلوم ہو گئیں۔

تیوہار بچوں کے لیے بڑی ہنسی خوشی کے موقعے ہوا کرتے ہیں۔ یہی بات بچپن میں جواہر لال جی کے ساتھ بھی تھی۔ ہولی آنے پر وہ اپنے خاندان کے دوسرے بچوں کے ساتھ ایک دوسرے پر رنگ کی پچکاریاں چلاتے تھے اور دیوالی کی رات کو چراغ جلاتے۔ جنم اشٹمی کا تیوہار بھی اُن کے گھر بڑی دھوم دھام سے منایا جاتا تھا۔ دسہرہ کے موقع پر رام لیلا کا جلوس دیکھ کر اُنھیں بڑی خوشی ہوتی تھی۔ ان کے علاوہ رکشا بندھن اور بھیا دوج وغیرہ جیسے چھوٹے تیوہار بھی اُن کے گھر منائے جاتے تھے۔

ہندو تیوہاروں کے علاوہ بہت سے مسلم تیوہار بھی اُن کے لیے بڑی خوشی کا باعث ہوتے تھے۔ گھر کے سب بچوں کے ساتھ وہ محرم کا جلوس دیکھنے جاتے۔ دونوں عید پر منشی مبارک علی عمدہ کپڑے پہن کر بڑی مسجد میں نماز کے لیے جاتے تھے۔ جواہر لال اُن کے گھر جا کر میٹھی سوئیاں اور دوسری عمدہ عمدہ چیزیں کھایا کرتے تھے، جو ان موقعوں پر خاص طور سے تیار کی جاتی ہیں۔

اُن کی خود کی سالگرہ کا دن اُن کے لیے خاص دلچسپی اور خوشی کا دن ہوتا تھا۔ اس جلسہ کا تعلق خاص اُن ہی سے ہوتا تھا۔ صبح ہوتے ہی وہ گیہوں اور دوسری چیزوں سے وزن کیے جاتے تھے پھر وہ چیزیں غریبوں اور فقیروں کو تقسیم کر دی جاتی تھیں۔ اس کے بعد اُنھیں نئے اور عمدہ عمدہ کپڑے پہنائے جاتے۔ خاندان کے لوگ اور رشتہ دار وغیرہ اُنھیں تحفے دیتے اور شام کو ایک بہت بڑی دعوت ہوتی۔ اُس دن ہر بات میں اُن کا بڑا خیال رکھا جاتا۔ گویا اُس دن کے وہی راجہ ہوتے۔ اپنے بچپن میں اس خیال سے کہ سالگرہ سال میں ایک ہی بار کیوں ہوتی ہے۔ انھیں کسی قدر تکلیف ہوتی تھی۔ وہ چاہتے تھے کہ سالگرہ کا دن سال میں کئی مرتبہ آیا کرے۔ کیا اُن کے بچپن کا یہ ایک عجیب خیال نہ تھا؟

اپنے ماں باپ کے ہاتھ سے مار کھانا ہر بچّہ کی خوش قسمتی ہوتی ہے۔ جواہر لال بھی اس سے کیونکر بچتے؟ اُن کے والد پنڈت موتی لال نہرو کسی قدر تند مزاج واقع ہوئے تھے۔ نوکر چاکر اور دوسرے لوگوں پر جب وہ خفا ہوتے تھے تو بڑے خوفناک معلوم ہوتے تھے۔ ایسے اوقات میں جواہر لال ڈر کے مارے کانپنے لگتے۔ بچپن میں اپنے والد کی تند مزاجی کے ایک بار جواہر لال بھی شکار ہوئے اس واقعہ کو اُنھوں نے اُپنی کہانی میں لکھا ہے۔

اُن دنوں وہ کوئی پانچ چھ سال کے ہوں گے۔ اپنے والد کے دفتر کے کمرہ میں جا کر اُنھوں نے

دیکھا کہ میز پر دو فاؤنٹین پن (روشنائی بھرے جانے والے قلم) رکھے ہیں۔ ایک ہی جگہ دو فاؤنٹین پن دیکھ کر اُن کا جی للچا اُٹھا۔ سوچا کہ والد صاحب دونوں قلموں کو ایک ساتھ تو کام میں لا نہیں سکتے۔ ایک اُٹھا کر اپنی جیب میں ڈال لیا۔ کچہری سے اُن کے والد نے آکر دیکھا تو ایک قلم غائب ! کچھ نہ پوچھو، سارا گھر تلاش کیا جانے لگا۔ سب سے پوچھ گچھ ہوئی۔ اُنھوں نے جواہر لال سے پوچھا "ننھا! کیا تم نے میرا قلم لیا ہے ؟" ہندوستان کے ہونے والے وزیر اعظم نے جواب دیا "نہیں، پتا جی" قلم کی تلاش جاری رہی۔ قلم مل گیا اور جواہر لال کا قصور ثابت ہوا۔ اب تو پنڈت موتی لال جی کے غصّہ کی کوئی حد نہ تھی۔ جی بھر کے بیٹے کی مرمت کی۔ مار کھا کر بیچارے اس دن ماں کی گود میں لیٹے رہے۔ سارے جسم میں مار کی وجہ سے تکلیف تھی۔ کئی دن تک ماں دوا وغیرہ ملتی رہیں۔

پنڈت موتی لال جی کو کبھی کبھی بے حد غصّہ آتا ضرور تھا، لیکن وہ بڑے ہی شفیق اور محبت کرنے والے باپ تھے، جواہر لال سے بڑا پریم کرتے تھے۔ جواہر لال بھی اپنے باپ کو بہت چاہتے تھے، البتہ یہ ضرور ہے کہ باپ کی بہ نسبت وہ اپنی ماں سے زیادہ مانوس تھے۔ یہ سب ہی بچوں کے ساتھ کچھ قدرتی بات ہوتی ہے۔ باپ سے زیادہ انھیں ماں پیاری ہوتی ہے۔ اپنی ماں سے جواہر لال اپنے دل کی باتیں کہا کرتے اور ماں سروپ رانی اپنے مقدور بھر اُن کی خواہشوں کو پوری کیا کرتیں۔

اس طرح گذرا ہمارے ملک کو غلامی سے آزاد کرانے والے نیتا، پنڈت جواہر لال نہرو کا بچپن۔

چوتھا باب

تعلیم

جب جواہر لال گیارہ برس کے ہوئے، تو اُن کے پڑھانے کے واسطے ایک نئے اُستاد مقرر ہوئے۔ اُن کا نام تھا فرڈینینڈ ٹی بروکس۔ بروکس صاحب تین سال تک اُن کے ساتھ رہے۔ جواہر لال نے اُن کا بہت اثر قبول کیا۔ ہندی اور سنسکرت پڑھانے کے لیے دو اُستاد علیحدہ آتے تھے۔

لیکن ان مضمونوں میں جواہرلال کو کوئی خاص دلچسپی نہ ہوئی۔ 'قواعد' میں اُن کی طبیعت کم لگتی تھی۔ قواعد شاید تمھیں بھی اچھی نہ لگتی ہو۔ کیوں؟ ہے نہ یہی بات!

آگے چل کر تمھیں معلوم ہوگا کہ پنڈت جواہرلال نہرو کو کتابیں پڑھنے کا کتنا شوق تھا۔ اُن کے اس شوق کا اب تک وہی حال ہے۔ اگرچہ اُنھیں اب دوسرے کاموں کی وجہ سے کتابیں پڑھنے کی فرصت کم ملتی ہے لیکن باوجود اس کے وہ کتابوں کے ہیں بڑے عاشق، اور کافی مطالعہ کرنے والے انسان ہیں۔ اُن کی اس عادت سے اُن کو اور ملک کو بہت فائدہ پہونچا ہے۔ ہر لیڈر کا عالم ہونا ضروری ہے، کیونکہ بغیر علم کے نہ معلومات وسیع ہوتی ہیں نہ ملک و قوم کی ترقی کی راہیں سمجھ میں آسکتی ہیں۔

بہرحال اُن کے نئے اُستاد بروکس صاحب نے اُن میں کتابوں کی محبت کا ایسا بیج بو دیا کہ جواہرلال میں ہمیشہ کے لیے کتابیں پڑھنے کا بہت شوق پیدا ہوگیا۔ بروکس صاحب کی تحریک و مشورہ سے اُنھوں نے انگریزی کی بہت سی کتابیں پڑھیں اور جہاں تک انگریزی میں بچوں کی مفید کتابوں کا تعلق ہے، اُنھوں نے قریب قریب سب پڑھ لیں۔ ان کتابوں میں زیادہ تر کہانیاں سوشل اور جاسوسی ناول تھے۔ کچھ کتابیں ایسی بھی تھیں جن میں بہادری اور ہمت پیدا کرنے والے قصے ہوتے۔ نثر کے علاوہ اُنھوں نے نظم کی بھی کتابیں پڑھیں۔ اُنھیں آج تک شاعری سے محبت ہے۔ بڑے ہونے پر اگر تم اُن کی کتابیں پڑھوگے تو اُن میں جگہ جگہ نظم کے بہت سے قطعات اقتباس کی صورت میں ملیں گے۔

بروکس صاحب نے سائنس کے رازوں سے بھی جواہرلال کو ناواقف نہ رہنے دیا۔ اُن کے مکان کے کمرہ میں ایک لیبوریٹری بنا لی گئی تھی، جہاں جواہرلال سائنس سے تعلق رکھنے والے چھوٹے چھوٹے تجربات کیا کرتے تھے۔ اُن کا کافی وقت لیبوریٹری میں صرف ہوتا تھا۔ "میری کہانی" میں جواہرلال نے بروکس صاحب کی بڑی تعریف کی ہے۔

اُس زمانہ میں شریمتی اینی بیسنٹ نام کی ایک انگریز عورت کی ملک میں بڑی شہرت تھی۔ اس نامور خاتون نے اپنی زندگی بھر ہندوستان کی جنگ آزادی میں بڑا حصہ لیا جب وہ پریاگ آئیں تو جواہرلال پر اُن کی تقریروں کا بہت اثر ہوا۔

سنہ ۱۹۰۵ء میں جب جواہرلال پندرہ برس کے ہوئے تو اُن کے والد نے اُنھیں انگلینڈ بھیجنے کا فیصلہ کیا، چنانچہ پنڈت موتی لال، جواہرلال کو اپنے ساتھ لے کر مع اُن کی ماں اور بہن کے انگلینڈ کو روانہ ہو گئے۔

وہاں پہونچ کر جواہرلال کا داخلہ ہیرو نامی مقام کے ایک مشہور اسکول میں ہوا جو پبلک اسکول کہلاتا تھا اور جہاں ولایت کے بعض بڑے لوگوں نے تعلیم پائی ہے۔ خوش قسمتی سے جواہرلال کو اسی اسکول میں جگہ مِل گئی، چنانچہ جواہرلال کو وہاں چھوڑ کر اُن کے والد اور دوسرے لوگ کچھ دن یورپ میں گھومنے کے بعد ہندوستان واپس چلے آئے۔

پہلے تو کچھ دنوں تک اس نئی جگہ پر جواہرلال کی طبیعت نہیں لگی اور گھر کی یاد بہت آتی رہی، کیونکہ اپنی زندگی میں پہلی بار اُنھیں اکیلے اور اجنبی لوگوں کے درمیان رہنا پڑا تھا۔ لیکن تھوڑے ہی دنوں میں یہ بات جاتی رہی اور پھر وہ اپنی پڑھائی لکھائی اور کھیل کود میں مصروف رہنے لگے۔ لیکن باوجود اس کے وہ وہاں پوری طرح خوش نہ تھے۔ ایک موقع پر اُنھوں نے خود ہی لکھا ہے کہ میں وہاں کے ساتھیوں سے کافی مانوس نہ تھا۔ وہاں کے اور طالب علموں کو دیکھ کر ہمیشہ اُن کے دل میں یہی خیال ہوتا کہ میں اُن لوگوں میں سے نہیں ہوں۔ کچھ مدت تک وہ اکیلے ہی رہتے تھے لیکن کھیل کود میں کافی حصہ لیتے رہتے تھے۔ کھیلوں میں وہ چمکے تو نہیں لیکن پھر بھی اُن کے ساتھی یہ مانتے تھے کہ وہ کسی سے پیچھے بھی نہ تھے۔

جواہرلال کا اپنے کورس کے علاوہ دوسرے مضمونوں کا علم بہت بڑھا چڑھا ہوا تھا اور وہ اپنے درجہ کے ساتھیوں کے مقابلہ میں دوسری کتابیں اور اخبار بہت پڑھتے تھے۔ انگریز بچے خاص کر کھیلوں ہی کے متعلق بات چیت کرتے رہتے تھے۔ اُن کی کھیلوں سے اس قدر محبت جواہرلال کو پسند نہ تھی۔ ایک مرتبہ اُنھوں نے اپنے والد کو خط میں لکھا تھا کہ انگریز بچے بڑے لاپرواہ ہوتے ہیں۔

جواہرلال کے خارجی مضمونوں کے علم کا پتہ اُن کے ماسٹر صاحب کو ایک دن درجہ ہی میں چل گیا سنہ ۱۹۰۶ء کے برٹش پارلیمنٹ کے عام انتخابات ختم ہو چکے تھے۔ انتخاب میں لبرل پارٹی کامیاب ہوئی تھی۔ غالباً تمھیں انگلینڈ کی دو اور مشہور سیاسی پارٹیوں کے نام معلوم ہوں گے۔ انتخاب میں کامیاب ہونے کے بعد قاعدہ کے لحاظ سے لبرل پارٹی نے نئی وزارت بنائی۔ نئی وزارت کے بارہ میں جب

ماسٹر صاحب نے طالب علموں کا امتحان لینا چاہا تو جواہر لال کو یہ معلوم ہو کر بڑا تعجب ہوا کہ اپنے درجہ میں وہی اکیلے تھے جو اس مضمون پر اُستاد کے سب سوالوں کا جواب دے سکے یہاں تک کہ وزارت کے سب ممبروں کا نام بھی اُنھوں نے بتا دیا۔

اپنے درجہ کے اچھے طالب علم ثابت ہونے کے صلہ میں جواہر لال کو ایک کتاب انعام میں ملی۔ یہ کتاب **گیری بالڈی** کی زندگی کے بارہ میں تھی جس نے اٹلی کو آزاد کرایا تھا۔ یہ کتاب اُن کو اس قدر پسند آئی کہ اُنھوں نے فوراً ہی اس سلسلہ کی باقی دو کتابوں کو بھی خرید لیا اور پورے واقعات خوب اچھی طرح پڑھے۔ ان کتابوں کو پڑھنے کے بعد اُن کے ذہن میں ہندوستان کی بھی آزادی کا خیال اُٹھنے لگا۔ چنانچہ اُسی وقت سے اُنھوں نے جنگ آزادی کے خواب دیکھنا شروع کر دیے۔

ہیرو کے پبلک اسکول میں جواہر لال صرف دو ہی سال رہے۔ ہیرو سے پھر وہ کیمبرج چلے گئے۔ یہ ایک بہت مشہور علمی درسگاہ ہے۔ اکتوبر ۱۹۰۷ء میں وہ یہاں کے ٹرنیٹی کالج میں داخل ہوئے۔ کیمبرج میں وہ تین سال رہے۔ یہ تینوں سال خوش اسلوبی سے گذرے اور کوئی خلل انداز واقعہ نہیں پیش آیا۔ ہیرو اسکول کی بہ نسبت کالج میں زیادہ آزادی بھی تھی، اس لیے کالج کی زندگی اُنھیں پسند آئی۔ اُن کے لیے یہ بڑی خوشی کے سال تھے۔ بہت سے دوست ملے، کچھ کام کیا، کچھ کھیلے بھی۔

کیمبرج میں جواہر لال کے مضمون تھے، کیمسٹری، علم جمادات اور نباتات۔ ان کے علاوہ اُن کا دوسرے مضمونوں سے بھی کافی لگاؤ تھا۔ انگریزی لٹریچر (علم ادب)، تاریخ، پالیٹکس (علم سیاست) اور اکنامکس (معاشیات)، پر بھی اُنھوں نے بہت سی کتابیں گھر پر پڑھیں۔ ان مضمونوں پر بحث مباحثوں میں بھی اُنھوں نے حصّہ لینا شروع کر دیا۔ اس طرح کے بہت سے موقعے اُن کی کالج کی زندگی میں آتے رہتے تھے۔

کیمبرج ہی میں جواہر لال کی زندگی کا نیا فلسفہ شروع ہوا، یعنی وہیں اُن کے نئے خیالات کی بنیاد پڑی۔ اُنھوں نے اپنی زندگی کے لیے کچھ مقاصد مرتب کیے اور اُن ہی کے مطابق زندگی گذارنے کا فیصلہ کیا۔ وہ خوشی کی زندگی گذارنا چاہتے تھے اور بیکار کاموں میں اپنی طاقت کو ضائع نہ کرنا چاہتے تھے۔ ناواجب باتوں سے دور رہتے تھے اور چاہتے تھے کہ مختلف قسم کے مفید کاموں میں اُن کی زندگی مشغول رہے۔ زندگی کا لطف حاصل کرنا وہ کوئی بُری بات نہ سمجھتے تھے اور خاص طور سے

بہادری، ہمت اور جرأت کے کام اُن کو بہت پسند تھے۔ اُسی زمانہ میں ہندوستان کے بہت سے بڑے بڑے لیڈر تن من دھن سے ہندوستان کی آزادی کے واسطے سرگرداں تھے۔ جب اخباروں میں جواہر لال اُن کے بارہ میں پڑھتے تو اُن کا خون بھی گرم ہو جاتا اور وہ بھی اس جنگ میں اپنا حصّہ لینے کو بے چین ہو جاتے۔ وہ اپنے ساتھ کے پڑھنے والوں سے ان معاملات پر اکثر باتیں کرتے رہتے تھے، لیکن اُس وقت تو سب طالب علموں کی طرح اُن کے لیے یہ صرف باتیں ہی تھیں۔ اُس وقت تک اُن کے لیے یہ معاملات اس قدر اہم اور ضروری نہ تھے، کیونکہ وہ ابھی دنیا کے عملی میدان میں آئے نہ تھے۔ بہرحال اس قسم کے خیالات سے اُن کا دماغ خالی نہ تھا۔ اگرچہ اُن کی زندگی پڑھنے لکھنے اور کھیل کود کے مشاغل سے گھری رہتی تھی لیکن ہندوستان کی سیاسی کشمکش کا خیال انھیں بے چین کیے رہتا تھا۔

کیمبرج کے کالج میں جواہر لال تقریر وغیرہ کرنے میں بہت ہچکچاتے تھے۔ کیمبرج میں ہندوستان کے جو طالب علم رہتے تھے اُن کی ایک کمیٹی قائم تھی۔ اس کمیٹی میں تقریریں اور بحث مباحثے بھی ہوتے رہتے تھے۔ کمیٹی کی میٹنگ میں جواہر لال جاتے تو ضرور تھے لیکن وہاں اُنھوں نے کبھی کوئی تقریر نہیں کی۔ اُن کے کالج میں بھی ایک ڈبیٹنگ سوسائٹی (مجلس مکالمہ) تھی۔ اس سوسائٹی کا یہ قاعدہ تھا کہ اگر کوئی ممبر پورے وقت تک نہ بولے تو اُسے کچھ جرمانہ ادا کرنا پڑتا تھا۔ جواہر لال بہت کم بولتے تھے اور انھیں اکثر جرمانہ دینا پڑتا تھا۔

بیس برس کی عمر میں جواہر لال نے 'بی۔ ایس۔ سی' کا امتحان پاس کر لیا۔ اُن کے خاندان کے لوگ اتنے دنوں تک اُن کے انگلینڈ میں رہنے سے اُکتا گئے تھے۔ وہ چاہتے تھے کہ جواہر لال ہندوستان لوٹ آئیں۔ اُن کے والد یہ نہ چاہتے تھے کہ وہ آئی سی ایس کے امتحان میں شریک ہوں کیونکہ اس امتحان کے پاس کر لینے اور گورنمنٹ کی ملازمت میں داخل ہونے کے بعد اُن کو گھر سے باہر دور دراز مقامات پر رہنا پڑتا۔ اُن کے ماں باپ دونوں چاہتے تھے کہ اتنے دنوں تک جُدا رہنے کے بعد جواہر لال اُن کے پاس ہی رہیں۔ مگر یہ کافی غور و فکر کے بعد فیصلہ خاندانی پیشہ یعنی وکالت کی موافقت میں ہوا، چنانچہ قانون کی تعلیم حاصل کرنے کی غرض سے جواہر لال لندن کے انر ٹیمپل میں داخل ہو گئے۔

اس طرح اگلے دو سال قانون کے پڑھنے میں گذرے۔ ایک ایک کرکے وہاں دونوں امتحانوں میں وہ کامیاب ہوئے۔ اُن کی لندن کی زندگی امیر گھروں کے معمولی طالب علموں کی سی تھی۔ اُس وقت

جواہرلال نہرو کو دیکھ کر کوئی نہیں کہہ سکتا تھا کہ آگے چل کر یہ معمولی طالب علم دنیا کے ایک بڑے اعظم میں ہل چل پیدا کر دے گا۔

قانون کی تعلیم ختم کر کے وہ یورپ کے بعض ملکوں کے سیر سپاٹے کو روانہ ہوئے۔ جب وہ ناروے میں تھے تو وہاں ایک خطرہ سے بال بال بچ گئے۔ ایک دن وہ پاس کے ایک دریا میں نہانے کے واسطے گئے تھے۔ اُن کے ساتھ اُن کا ایک انگریز دوست بھی تھا۔ پانی گہرا تو نہ تھا لیکن بہت تھا۔ زمین میں بڑی پھسلن تھی۔ وہ پھسل کر گر گئے۔ برف کی طرح ٹھنڈے پانی سے اُن کے ہاتھ پیر بے جان سے ہو گئے۔ دریا کا طوفانی دھارا انھیں تیزی کے ساتھ بہلے چلا۔ اُن کی جان خطرہ میں دیکھ کر اُن کے انگریز دوست نے دوڑ کر کسی طرح اُن کو باہر کھینچ لیا۔ اس طرح اُس دن اُن کی جان بچی، کیونکہ وہاں سے نکل کر یہی دریا ایک بہت بڑے چٹان کے نیچے گرتا تھا۔

۱۹۱۲ء میں سات برس سے زیادہ ولایت میں رہنے کے بعد جواہرلال ہندوستان لوٹ آئے۔

پانچواں باب

سیاسی تیاری

پنڈت موتی لال نہرو چاہتے تھے کہ اُن کے بیٹے جواہرلال بھی اُن کی طرح بیرسٹر بن کر دولت اور شہرت پیدا کریں۔ اس لیے انگلینڈ سے ہندوستان واپس آکر جواہرلال نے بھی الہ آباد ہائی کورٹ میں بیرسٹری شروع کر دی۔ کچھ دنوں تک اُنھوں نے کامیابی کے ساتھ اس کام کو کیا۔ شروع کے چند مہینوں میں اُنھیں یہ کام دلچسپ بھی معلوم ہوا۔ کافی عرصہ تک ولایت میں رہ کر وہ گھر آئے تھے پُرانے دوستوں اور ملاقاتیوں کے درمیان رہنا اُنھیں یوں بھی اچھا لگا لیکن جیسے جیسے وقت گذرتا گیا وکالت کا پیشہ اُنھیں کچھ خشک سا اور بیکار معلوم ہونے لگا۔ اُن کا حوصلہ کم ہونے لگا اور طبیعت اُچاٹ رہنے لگی۔ دن بھر مقدمے لڑنا، شام کو گھر آکر کلب چلے جانا اور وہاں بھی وکالت سے تعلق رکھنے والی باتیں ہوتی رہنا، یہ سب چیزیں ایسی تھیں جن سے نہ تو اُن کی ذہنیت کو کچھ تحریک و ترقی ہوتی تھی نہ خود اُن کا کوئی بڑا مقصد حاصل ہوتا تھا۔ وہ سوچنے لگے کہ ایسی لاحاصل

اور بیکار زندگی سے آخر فائدہ ہی کیا؟ کام وہ کرنا چاہیے جس میں خواہ خود اُن کے لئے مشکلات کا سامنا ہو لیکن اُس سے ملک کا فائدہ ہو۔ مگر ابھی اُن کے لیے اس کا وقت نہ آیا تھا۔ پھر کیا کرتے؟ اُن کا خیال کسی قدر سیر و تفریح کے مشاغل کی طرف متوجہ ہوا تاکہ اُس سے طبیعت بہلائی جا سکے۔ سوچا کہ شاید شکار سے کچھ حالت بدلے۔ اس لیے وہ کبھی کبھی شکار کھیلنے جانے لگے، لیکن اس میں نہ تو وہ پہلے سے مشّاق تھے اور نہ اس طرف طبیعت کا کچھ زیادہ میلان ہی تھا۔ جنگل میں گھومنا پھرنا اور اس طرح وہاں کے قدرتی مناظر سے لطف اندوز ہونا تو اُنھیں اچھا لگتا تھا لیکن اُنھیں اس کی کوئی خاص فکر نہ رہتی کہ کوئی جانور اُن کے ہاتھ ہی لگے، اس لیے وہ کوئی مشہور شکاری نہ بن سکے، البتہ اتفاق سے کشمیر میں ایک ریچھ کے مارنے میں کامیاب رہے۔

شکار کھیلنے کا تھوڑا بہت حوصلہ بھی جو جواہر لال کے دل میں تھا اُسے ایک بارہ سنگھے نے ختم کر دیا۔ یہ واقعہ بالکل اُسی طرح پیش آیا جیسا کہ گوتم بُدھ کے ساتھ ہوا تھا۔ تم نے اپنی تاریخ کی کتابوں میں پڑھا ہوگا کہ تیر سے زخمی ایک ہنس کو دیکھ کر بُدھ جی کا دل رحم سے اس قدر بھر گیا تھا کہ اُنھوں نے ہنس کو اُٹھا کر اپنی چھاتی سے لگا لیا تھا۔ قریب قریب یہی واقعہ جواہر لال کے ساتھ بھی پیش آیا۔ شکار کرتے وقت اُن کی گولی ایک بے گناہ بارہ سنگھے پر لگی۔ بیچارہ زخمی ہو کر لنگڑاتا ہوا جواہر لال کے پیروں پر آکر گر پڑا اور اپنی بڑی بڑی غمناک آنکھوں سے جواہر لال کی طرف دیکھنے لگا۔ آخری سانس لیتا ہوا اپنی خاموش آواز میں یہ بے ضرر جانور گویا اس طرح کہہ رہا تھا "جواہر لال! تمھارا کام ہم بے زبان جانوروں پر گولی چلانا نہیں ہے۔ گولی چلاؤ اپنے ملک کی غلامی پر اور اُس قانون پر جو تمھارے ملک کا خون چوس رہا ہے"۔ بارہ سنگھے کی خاموش آواز کو سمجھنے میں جواہر لال کی فکر رسا کو دیر نہیں لگی۔ اُسی دن سے انھوں نے ہمیشہ کے لیے شکار کھیلنا ترک کر دیا۔ آج بھی اُن آنکھوں کی یاد جواہر لال کو آجاتی ہے۔

جواہر لال کی شادی ۱۹۱۵ء میں بسنت پنچمی کے دن کملا نہرو کے ساتھ دہلی میں ہوئی۔ اُس سال گرمی کے چند مہینے انھوں نے کشمیر میں گذارے۔ چند ہفتے انھوں نے پہاڑوں کی سیر میں صرف کیے اپنی زندگی بھر وہ پہاڑوں، گھاٹیوں اور قدرتی مناظر کے پریمی رہے ہیں۔ ملک کی سیاست اور عوام کی خدمت میں مصروف رہتے ہوئے بھی جب کبھی اُنھیں موقع ملتا، وہ قدرتی مناظر دیکھنے کے لیے

مشہور مقامات کو جاتے۔ اپنے بزرگوں کا ملک کشمیر، اُس کی خوبصورتی کی وجہ سے اُنھیں بہت پیارا اور بھلا لگتا ہے۔

جواہرلال کی سیاسی تیاری کا زمانہ اچھا خاصہ طویل رہا ہے۔ تلک، گوکھلے، شریمتی اینی بسنٹ مہاتما گاندھی، مالوی جی اور خود ان کے والد پنڈت موتی لال نہرو، ان سب کا کچھ نہ کچھ اثر ان پر پڑا ہے۔ شروع شروع میں بعض چھوٹے چھوٹے کاموں کے ذریعہ سے جواہرلال نے عوام کی خدمت کرنا شروع کی۔ ابتدا میں عوام کے جلسوں میں تقریر کرنے میں وہ بہت ہچکچاتے تھے۔ تقریر کرنے میں وہ کچھ ڈرتے سے تھے، لیکن اس سے یہ نہ سمجھنا چاہیے کہ اُن میں علم کی کوئی کمی تھی یا ملک کی سیاسی حالت سے وہ ناواقف تھے۔ اُن کی ہچکچاہٹ کی اصلی وجہ یہ تھی کہ اُن کا خیال تھا کہ تقریر ہندوستانی زبان میں ہونی چاہیے تاکہ عوام سمجھ سکیں لیکن اپنی زیادہ تر تعلیم ولایت میں ہونے کی وجہ سے انھیں انگریزی زبان پر تو پوری قدرت تھی البتہ ہندوستانی میں تقریر کرنے کے قابل وہ اپنے کو نہ سمجھتے تھے اور اسی لیے شروع شروع میں عام جلسوں میں نہ بولتے تھے۔

اُن کا پہلا پبلک لیکچر انگریزی زبان میں الہ آباد میں ہوا۔ اس تقریر کے ختم ہونے پر ڈاکٹر تیج بہادر سپرو نے جواہرلال کو گود میں اُٹھا لیا۔ اس موقع پر ڈاکٹر صاحب کی خوشی کی وجہ یہ تھی کہ پبلک کی خدمت کے لیے ایک نیا کارکن اُن کے ہاتھ آگیا تھا۔

اُس زمانہ میں پبلک کی خدمت کا مطلب تھا صرف تقریر کرنا۔ لیکن جواہرلال زبانی تقریر کے مقابلہ میں عمل کو بہتر سمجھتے تھے۔ سماج کی کسی بُرائی کو دیکھ کر خاموش رہنا وہ بُرا سمجھتے تھے بلکہ اُسے دور کرنے میں جی جان سے لگ جانا ہی بہتر سمجھتے تھے۔ پنڈت موتی لال نہرو بھی اُس وقت کی سیاست سے مطمئن نہ تھے اور کچھ ٹھوس کاموں کے ذریعے سے اس زمانہ کی سیاسی حالت کو بدلنا چاہتے تھے۔

ان حالات کے باوجود دونوں باپ بیٹے یہ نہ طے کر سکے کہ کرنا کیا چاہیے۔ اُسی زمانہ میں مہاتما گاندھی جنوبی افریقہ میں ہندوستانیوں کی بڑی مفید خدمات انجام دے کر ہندوستان کو لوٹے تھے۔ شاید تمھیں یہ معلوم ہو کہ جنوبی افریقہ میں ہندوستان کے بہت سے آدمی بسے ہوئے ہیں وہیں پر اُن کے حقوق کی حفاظت کے لیے گاندھی جی نے اپنی جان ہتھیلی پر رکھ کر مقابلہ کیا تھا۔ اُن کی ان خدمات کو سمجھنے کے لیے تمھیں اُن کی خود نوشت سوانح عمری پڑھنی چاہیے۔

جواہر لال سنہ ۱۹۱۶ء میں لکھنؤ میں کانگریس کے سالانہ اجلاس میں مہاتما گاندھی سے ملے۔ اس کے دو تین برس بعد ہی ملک میں بڑے معرکے کے واقعات پیش آئے۔ بات یہ تھی کہ حکومت برطانیہ رولٹ بل کے نام سے ایک خوفناک قانون بنانے جا رہی تھی۔ اس کے بن جانے سے جو لوگ ملک کی جنگ آزادی میں مصروف تھے، اُن کے خلاف نہایت سخت کارروائیاں کی جاسکتی تھیں۔ اپیل کا حق ختم کیا جا رہا تھا۔ حکومت کے خلاف جس شخص پر بھی شبہ ہوتا اُسے سخت ضمانت کا پابند کرکے کسی خاص مقام پر رہنے اور کسی خاص کام کے کرنے سے روکا جاسکتا تھا۔

اس قانون سے سارے ملک میں ایک آگ بھڑک اُٹھی۔ مہاتما گاندھی نے وائسرائے سے درخواست کی کہ اس قسم کا قانون نہ بنایا جائے۔ اس کے ساتھ ہی اُنھوں نے صاف صاف یہ بھی کہہ دیا کہ اگر اس قسم کا قانون بنایا گیا تو وہ **ستیاگرہ** کی تحریک شروع کر دیں گے۔ لیکن حکومت نے کچھ نہیں مانا۔ اس پر گاندھی جی کو اپنی ستیاگرہ کی تحریک شروع کر دینی پڑی۔ اس کے لیے اُنھوں نے ملک میں ہر جگہ کا دورہ کیا۔ جگہ جگہ ستیاگرہ کمیٹیاں قائم کیں، جن کے ممبروں سے یہ قول و قرار لیا جاتا کہ وہ رولٹ قانون کو نہ مانیں گے۔ اس کا سیدھا سادا مطلب تھا جیل جانا۔

اس تحریک کے شروع ہونے سے جواہر لال کو بڑا اطمینان ہوا۔ اب اُن کے لیے ٹھوس کام کرنے اور آزادی کی لڑائی میں کود پڑنے کا وقت آ گیا تھا۔ اُن کے دماغ میں جو اُلجھن سی رہا کرتی تھی اُس کا راستہ کھل گیا۔ اُن کے ارادوں اور حوصلوں کی کوئی حد نہ تھی۔ وہ فوراً ستیاگرہ کمیٹی میں شامل ہو جانا چاہتے تھے۔

اپنی طرف سے تو جواہر لال تحریک میں فوراً کود پڑنے کو بالکل تیار تھے، لیکن ابھی ان کے والد، مہاتما جی کے خیالات سے پوری طرح متفق نہ تھے۔ باپ بیٹے میں خیال کی یہ لڑائی جاری رہی ایک طرف تو پنڈت موتی لال جی نئی نئی تجویزوں کے بہاؤ میں بہہ جانے والے نہ تھے، کوئی نیا قدم اُٹھانے سے پہلے وہ اُس کے نتیجہ کو اچھی طرح سوچ سمجھ لینا چاہتے تھے۔ دوسری طرف اُنھیں جواہر لال سے بے حد محبت تھی۔ اُنھیں یہ بات بڑی بے تکی اور نامعقول معلوم ہوتی تھی کہ اُن کا جان سے پیارا بیٹا جواہر لال جیل جائے۔

باپ کی حالت تو اس طرح ڈانواں ڈول ضرور تھی، لیکن بیٹے کا فیصلہ اٹل تھا۔ جواہر لال جی نے

سمجھ لیا کہ پوری بازی لگانے کا وقت ہے، لیکن لڑائی میں فوراً کود پڑنے سے زندگی میں ایک بڑا انقلاب واقع ہو جائے گا۔ اپنا فیصلہ مضبوط ہونے کے باوجود جواہر لال جلدی میں کوئی ایسا کام کرنے کو تیار نہ تھے جس سے اُن کے باپ کے دل کو ٹھیس لگے۔ دونوں باپ بیٹوں میں بڑی دیر تک اس مضمون پر گفتگو ہوا کرتی۔ پنڈت موتی لال کو بیٹے کے انداز سے معلوم ہو گیا تھا کہ وہ گاندھی جی کی ستیا گرہ کی تحریک میں شامل ضرور ہوگا۔ اس کو طے شدہ سمجھ کر اُنھوں نے پلنگ چھوڑ کر رات کو فرش پر سونا شروع کر دیا۔ کیوں؟ وہ اس بات کا تجربہ کر لینا چاہتے تھے کہ جیل میں جواہر لال کی حالت کیا ہوگی؟ فرش پر سونا کیسا معلوم ہوگا؟ وہ جانتے تھے کہ جواہر لال آگے پیچھے جیل ضرور جائیں گے۔

ستیا گرہ کا دن آیا۔ سارے ملک میں ہڑتالیں ہوئیں۔ کام کاج بند رہا۔ کئی شہروں میں گولی چلی۔ پنجاب میں کئی خوفناک واقعات پیش آئے۔ **جلیان والا باغ** میں بیس ہزار آدمیوں کے جلسہ میں جنرل ڈائر نے گولی چلائے جانے کا حکم دے دیا۔ اس کشت و خون میں چار سو آدمی مرے اور تقریباً دو ہزار زخمی ہوئے۔

جلیان والا باغ کے خونی واقعہ کے علاوہ پنجاب میں اور بھی بہت سے مقامات میں بڑے خوفناک واقعات پیش آئے۔ ان واقعات کی پوری پوری اور صحیح تحقیقات کرنے کے لیے کانگریس کی طرف سے ایک کمیٹی بنائی گئی جس کے ایک ممبر جواہر لال بھی منتخب ہوئے۔ اس کمیٹی کی تحقیقات کے زمانہ میں اُنھیں گاندھی جی کو نزدیک سے دیکھنے اور سمجھنے کا موقع ملا۔ اُس وقت سے مہاتما گاندھی پر اُن کا اعتقاد بہت بڑھ گیا۔

اس طرح کی سیاسی تعلیم ایک ہونے والے بڑے لیڈر کے واسطے بہت ضروری ہے۔ مہاتما جی سے زیادہ قریب ہو کر جواہر لال نے بہت کچھ سیکھا۔ یہ اُن کی سیاسی تیاری کا پہلا قدم تھا۔

پنجاب کے ناخوشگوار واقعات کا ایک بڑا اچھا نتیجہ جواہر لال کے لیے برآمد ہوا۔ اُن کے والد پنڈت موتی لال جی جو ابھی تک حکومت کی کھُلم کھُلا مخالفت نہ کرنا چاہتے تھے، اب اُن کی رائے بھی بدلنا شروع ہو گئی۔ اب وہ صاف صاف اپنے بیٹے کے رنگ میں رنگتے چلے جا رہے تھے، جس سے جواہر لال کو آگے بڑھنے کا موقع مل رہا تھا۔

چھٹا باب

کسانوں کے درمیان

۱۹۲۰ء کا سال۔ جون کا مہینہ۔ جسم کو جھلسا دینے والی سورج کی گرمی۔ لُو بھری گرم ہوا، جو بدن پر تھپیڑے سے مار رہی تھی۔ اس صوبہ کے ضلع پرتاب گڑھ کے دیہات کے کھیتوں میں وہ دیکھو، کوئی سفید صاف ستھرے کھادی کے کپڑے پہنے کھڑا ہے۔ اُس کے سر پر نہ ہیٹ ہے نہ چھتری۔ صرف ایک چھوٹی سی تولیہ سر پر لپیٹے ہے۔ اُس کے چاروں طرف چیتھڑوں میں لپٹے ہوئے غربت کے مارے کئی سَو، شاید ہزار بھی ہوں، عورت مرد، بوڑھے بچے، کچھ بیٹھے ہیں کچھ کھڑے۔ سُنو سُنو، وہ کچھ کہہ رہا ہے۔ شاید وہ کوئی تقریر کر رہا ہے۔ نہیں ان لوگوں سے کچھ بات چیت بھی کرتا ہوا معلوم ہوتا ہے۔ دُور سے کچھ سُنائی نہیں پڑتا۔ آؤ، ذرا پاس چل کر سُنیں۔

ارے یہ کیا؟ اُن سب لوگوں نے ایک آواز سے "سیتا رام" کا نعرہ لگایا اور اُٹھ کھڑے ہوئے۔ وہ دیکھو سفید پوشاک والا نوجوان بھی اپنے کچھ ساتھیوں کے ساتھ ایک چھوٹی سی موٹر میں بیٹھ گیا۔ لو، موٹر چلی۔ لیکن ہوا کیا؟ بہت سے لوگ تو اُس موٹر کے ساتھ ہی ساتھ دوڑے چلے جا رہے ہیں لیکن تھوڑی ہی دیر کے بعد کھیتوں کی اونچی نیچی زمین میں موٹر پھنس گئی۔ دیکھو! بیسوں آدمیوں نے مل کر اُسے ہاتھوں پر اُٹھا لیا۔ چلو ہم بھی بڑھ چلیں۔ دیکھیں سب لوگ کہاں جاتے ہیں۔

ایک دوسرا گاؤں آ گیا۔ موٹر رُکی۔ اندر سے پھر وہی سر سے تولیہ لپیٹے ہوئے نوجوان اپنی چھوٹی ٹولی کے ساتھ نکلا۔ گرمی کے مارے ہماری تو بُری حالت ہو گئی، لیکن جیسے معلوم ہوتا ہے کہ اُس کو اس کی کچھ پرواہ ہی نہیں ہے۔ اُس کے پہونچنے سے پہلے ہی گاؤں کے سب عورت مرد جمع تھے اور جو باقی تھے اب وہ بھی ایک ایک کر کے اپنے گھر سے نکل آئے۔

کچھ دیر تک اُن لوگوں سے کچھ کہنے سُننے کے بعد یہ ٹولی پھر آگے چل دی۔ اب اس مرتبہ موٹر پر نہیں بلکہ سب لوگ پیدل ہی چل رہے ہیں۔ شاید موٹر کے جانے کا راستہ نہ تھا۔ ساتھ میں ایک نازک مزاج سے آدمی بھی ہیں جو پمپ جوتہ پہنے ہیں۔ ارے، یہ لوگ تو بڑی تیزی سے جا رہے ہیں۔

بیچارے پمپ جوتے پہنے ہوئے، شریف آدمی، گرد وں پیچھے رہے جاتے ہیں، لیکن جیوں تیوں گھسٹ گھسٹا کر یہ بھی ساتھ دے رہے ہیں۔ سُنو! یہ بھلے شے کیا کہتے ہیں "ارے صاحب ذرا دھیرے دھیرے چلیے، میں بھی آ رہا ہوں"۔ "چلے آیئے ڈپٹی صاحب" آگے جانے والوں میں سے ایک نے پیچھے مڑ کر کہا۔ یہ غیر معمولی دیوتا جیسا انسان کون ہے جو گرمی اور تیز لُو کی پرواہ نہ کرتے ہوئے اس جھلسا دینے والے موسم میں گاؤں گاؤں مارا مارا پھرتا ہے۔ کیا پیغام دینا ہے اس کو اور کہاں سے آیا ہے یہ؟۔ بس بند کرو سوالوں کی یہ جھڑی اور سُنو!۔

ابھی صرف آٹھ برس ہوئے ہیں کہ یہ نوجوان ولایت سے بیرسٹری پاس کرکے لوٹا ہے۔ اس سے پہلے یہ اس طرح کی کھُلی دھوپ میں نہ باہر نکلا ہے اور نہ کبھی اس طرح پیدل سفر کیا ہے۔ اس سے پہلے ہر سال گرمیوں میں پہاڑ پر چلا جایا کرتا تھا۔ الہ آباد میں اس کی اپنی ایک بہت عالیشان کوٹھی ہے جو عیش و آرام کے سب سامانوں سے آراستہ ہے۔ اُسی کوٹھی میں اپنا ایک تیرنے کا تالاب بھی ہے۔ تم سمجھ گئے ہوگے کہ یہ کون ہے؟ جواہر لال نہرو۔

تم کہوگے کہ جواہر لال ان دیہاتوں میں کیسے آئے؟ اس کی ایک دلچسپ کہانی ہے۔ تمھیں معلوم ہوگا کہ صوبہ کے اس حصّہ میں جسے اودھ کہا جاتا ہے بہت سے بڑے بڑے زمیندار ہیں جنھیں تعلقدار کہا جاتا ہے۔ ان میں سے ضلع پرتاب گڈھ کے کچھ تعلقداروں نے اپنے یہاں کے کسانوں کے ساتھ بڑی زیادتی کر رکھی تھی۔ بڑے ظلم اور زبردستی سے لگان وصول کرتے تھے اور کسانوں کے ساتھ بہت سخت برتاؤ کرتے تھے۔ اپنی اس مصیبت کی حالت کو سُنانے کے لیے قریب دو سو کسانوں کا ایک جتھا دیہات سے چل کر الہ آباد آیا تھا، تاکہ اپنی مصیبتیں ملک کے لیڈروں کے سامنے پیش کریں۔

ان لوگوں نے جمنا کے گھاٹ پر ڈیرا ڈال رکھا تھا۔ جواہر لال نے جب اس بات کو سُنا تو اپنے کچھ ساتھیوں کے ہمراہ وہاں جا پہونچے۔ کسانوں نے اپنی دُکھ بھری کہانی اُن کو سُنائی اور عرض کیا کہ آپ خود چل کر اپنی آنکھوں سے ہماری حالت دیکھیے۔ جواہر لال نے اُن کی یہ درخواست منظور کر لی اور اپنے کچھ ساتھیوں کو لے کر اُن مواضعات میں جا پہونچے۔ تین دن تک وہاں گھومتے رہے۔ گاؤں گاؤں گئے۔ وہاں خود کسانوں کے ساتھ ہی کھاتے، اُن ہی کے ساتھ کچے جھونپڑوں میں رہتے، گھنٹوں اُن سے بات چیت کرتے، اور کبھی کبھی چھوٹی بڑی سبھاؤں میں تقریر کرتے۔

اس سے کسانوں کا حوصلہ بہت بڑھ گیا تھا۔ سیکڑوں نے راتوں رات کام کرکے کچی سڑک تیار کی تھی، تاکہ اُن کی موٹر گذر سکے۔ جہاں موٹر نہ چلتی وہاں جواہر لال پیدل چلتے۔

دراصل جواہر لال کی سیاسی تیاری میں یہی ایک کسر باقی تھی کہ انھوں نے کسانوں کے بیچ میں رہ کر ابھی تک کچھ کام نہ کیا تھا۔ زراعتی ملک ہونے کی وجہ سے ہمارا ملک دراصل گاؤں والوں اور کسانوں کا ملک ہے۔ کوئی لیڈر اُس وقت تک ملک کی سچی خدمت اور صحیح رہبری نہیں کرسکتا، جب تک کہ وہ کسانوں کی اصلی حالت سے واقف نہ ہو اور اُن کے بیچ میں رہ کر کام کرنے کا تجربہ حاصل نہ کر چکا ہو۔

اس سے پہلے وہ کبھی گاؤں والوں سے ملے نہ تھے۔ پریاگ میں ماگھ کا جو بہت بڑا میلہ ہوا کرتا ہے اُس میں جواہر لال نے البتہ لاکھوں دیہات کے رہنے والوں کو دیکھا تھا اور اُن سے اکثر بات چیت کا بھی موقع ملا تھا۔ لیکن مصیبت کے وقت کسانوں کی پکار پر پہونچنا اور ہی بات تھی۔ دراصل لندن کی آب وہوا میں پرورش پائے ہوئے اور آنند بھون میں آنند سے بسر کرنے والے جواہر لال نے پہلی بار ان گاؤں والوں کے ہندوستان اور اصلی ہندوستان کو دیکھا تھا۔ ننگے، ادھ ننگے، بھوکے، ستائے ہوئے اور مصیبت کے مارے، ہندوستان کا ایک نیا نقشہ اُن کی آنکھوں کے سامنے پھرنے لگا۔ اس کے علاوہ ایک اور بھی فائدہ اُنھیں ہوا۔ جلسوں میں بولنے کی اُن کی جھینپ مٹنے لگی۔ ہندوستانی میں تقریر کرنے کی مشق اُنھیں ہوگئی کیونکہ جاہل کسانوں سے سیدھی سادی ہندوستانی زبان کو چھوڑ کر بولا بھی کس دوسری زبان میں جاتا۔ جواہر لال کوئی زیادہ اُتار چڑھاؤ کی تقریر نہ کرتے تھے۔ جو کچھ اُن کے دل اور دماغ میں ہوتا صاف صاف کسانوں کے سامنے کہہ ڈالتے ہیں سے بڑے بڑے جلسوں میں اُنھوں نے تقریر کرنا شروع کی۔ اُن کی تقریر ہمیشہ بہت جوشیلی رہی ہے، اور اب تو وہ دنیا کے بہت تیز بولنے والوں میں ہیں جن کی بہت سی اعلیٰ درجہ کی تقریریں ہندوستان سے باہر یورپ اور امریکہ وغیرہ میں بھی ہو چکی ہیں۔

ساتواں باب

جنگ آزادی میں پیش قدمی

جن دنوں جواہر لال گاؤں گاؤں گھوم کر کسانوں کی تکلیفیں دور کرانے کی فکر میں لگے ہوئے تھے اُن ہی دنوں میں مہاتما گاندھی سارے ملک میں قانون شکنی کی تیاری کر رہے تھے۔ رولٹ بل کی وجہ سے اور خاص کر پنجاب میں گورنمنٹ کی طرف سے گولی چلائے جانے کے جو واقعات ہوئے، اُن سے ہمارے ملک کے رہنے والوں کے دلوں میں حکومت کے خلاف زبردست بے چینی پھیلی ہوئی تھی۔ مہاتما جی کی نئی تحریک کے تین خاص جُز تھے۔ ستیاگرہ، ترک موالات اور اہنسا۔ ستیاگرہ کا مطلب تھا کہ حکومت کے اُن قوانین کو نہ مانا جائے جو بے جا ہوں۔ ترک موالات کا مطلب یہ تھا کہ سرکاری اداروں کا بائی کاٹ کیا جائے اور لوگ حکومت کی نوکری کرنا چھوڑ دیں۔ اہنسا جو سب سے خاص چیز تھی اُس کا مطلب یہ تھا کہ لوگ شانتی سے کام لیں، اُن کے ساتھ حکومت جو سلوک بھی کرے اُسے صبر و تحمل کے ساتھ برداشت کریں، مشتعل ہو کر انتقام کے طور پر اپنی طاقت کا کوئی استعمال نہ کریں۔ یہ تھے اس تحریک کے تین موٹے موٹے اُصول۔ ان کی تعمیل کرنا اُن لوگوں کے واسطے ضروری تھا جو اس تحریک میں شامل ہوتے۔

۱۹۲۱ء میں ستیاگرہ کی اس لڑائی کا بگل بجا۔ مہاتما گاندھی نے تحریک کی باگ ڈور اپنے ہاتھ میں لی اور اُنھوں نے پوری طرح قیادت کی۔ لاکھوں مرد و عورت اُن کے جھنڈے کے نیچے اکٹھے ہو کر ملک پر مر مٹنے اور اپنا سب کچھ قربان کر دینے کو تیار ہو گئے۔ اس تحریک میں سب ہی قوموں اور فرقوں کے لوگ شامل تھے۔ ہندو، مسلمان، جین، پارسی، سکھ اور عیسائی وغیرہ سب ہی نے حصہ لیا۔

جواہر لال اور پنڈت موتی لال، دونوں باپ بیٹے، اب سولہ آنہ میدان میں آگئے۔ جواہر لال تو بہت پہلے ہی سے تیار تھے۔ وہ دل و جان سے ستیاگرہ کی لڑائی میں مصروف ہو گئے۔ اُنھوں نے اپنے دوسرے کام کاج اور تعلقات، پرانے دوست، کتابیں اور اخبار تک چھوڑ دیے۔ اب وہ اخبار وغیرہ صرف اسی قدر پڑھتے تھے جتنا ضروری تھا۔ اپنا سارا وقت تحریک کو ترقی دینے میں صرف کرنے

اُنھیں اپنے خاندان کے لوگوں کے ساتھ یوں تو بڑی محبت تھی لیکن اس تحریک کے پیچھے وہ اُن لوگوں کو بھی بھول گئے۔ اپنی بیوی، اپنی بیٹی، سب کو بھلائے ہوئے رات دن اس کام میں لگے رہتے۔ کانگریس کے دفتر، جلسوں اور عوام کے مجمعوں ہی میں بس اُن کا وقت گزرتا تھا۔ کوسوں کھیتوں کے راستہ دیہاتوں میں جانا اور کسانوں کی سبھاؤں میں تقریریں کرنا، یہی اُن کے خاص کام تھے۔ دیہاتوں کے گرد و غبار، راستوں کی تکلیف اور لوگوں کے اجتماع میں اُن کو مزا آنے لگا۔

کسان خاص کر اس صوبہ کے کسان اُنھیں پہلے ہی سے جانتے تھے۔ جہاں وہ جاتے اُن کا بڑا شاندار خیر مقدم کیا جاتا۔ ہزاروں آدمی ہر جگہ سے کھنچ کر اُن کی تقریر سُننے کو جمع ہو جاتے " جواہر لال" کا نام اُن لوگوں پر جادو کا کام کرتا۔ جواہر لال ان جلسوں میں مہاتما گاندھی کی جنگ آزادی کا مطلب لوگوں کو سمجھاتے، خاص کر اہنسا کا۔ بھولے بھالے اور جاہل گاؤں والے ترک موالات اور ستیا گرہ کا مطلب تو سمجھ جاتے تھے۔ لیکن اہنسا کو سمجھنا اُن کے لیے ایک مشکل بات تھی۔ مارنے کے بدلے میں مارنا، اینٹ کا جواب پتھر سے دینا، یہ آدمی کی عادت ٹھہری، اس کا اُلٹا کرنا یا خاموش رہنا اُن لوگوں کو بہت عجیب اور ناکامیاب طریقہ معلوم ہوتا تھا۔

جواہر لال ان جلسوں میں اہنسا کا مطلب بڑے عجیب اور سلجے طریقے سے سمجھاتے تھے۔ وہ گاؤں والوں سے سیدھا سوال کرتے " بھائیو، فرض کرو کہ میں تمھاری آنکھوں کے سامنے ہی گرفتار کر لیا جاؤں اور پولیس مجھے ہتھکڑیاں پہنا کر جیل لے جائے تو اس صورت میں تم کیا کرو گے ؟"

" ہم پولیس پر ٹوٹ پڑیں گے اور آپ کو پولیس سے چھڑا لیں گے " جواب ملتا۔

" نہیں نہیں تمھیں یہ نہ کرنا چاہیے۔ تمھیں بالکل خاموش اور سنجیدہ رہنا ہوگا اور ایک قدم بھی آگے نہ بڑھانا ہوگا " وہ سمجھاتے۔

مجمع میں سے کئی آدمی ایک ساتھ بول اُٹھتے، " لیکن پنڈت جی ہم اپنی آنکھوں کے سامنے آپ کا گرفتار ہونا کیسے برداشت کریں گے "

" یہی تو تم کو کرنا ہوگا۔ اسی کا نام تو اہنسا ہے۔ تمھارے آگے پولیس مجھے لاٹھیوں سے مارے تب بھی تمھیں خاموش رہنا ہوگا "

اس طرح سیدھے سادے سوال جواب کے بعد اہنسا کا مطلب اُن کی سمجھ میں آجاتا۔

اس تحریک میں حصہ لینے والے ہزاروں مرد و عورت گرفتار ہو کر جیل پہونچ گئے۔ پنڈت موتی لال نہرو، مہاتما گاندھی اور جواہرلال بھی گرفتار ہو گئے۔ جنگ آزادی اور گرفتاریوں کی دھوم سے ملک میں بڑی ہلچل مچ گئی۔ لوگوں میں نئی زندگی آگئی اور انھیں ایک نیا تجربہ حاصل ہوا۔ اتنی بڑی اور زبردست حکومت سے بغیر کسی ہتھیار کے ہندوستان نے مقابلہ کرکے دنیا کو حیرت میں ڈال دیا۔

یہ جواہرلال نہرو کی پہلی گرفتاری تھی۔ جنوری ۱۹۲۲ء میں اپنی پہلی سزا کاٹ کر جیل سے باہر آئے۔ اُس وقت سے وہ کئی بار جیل گئے، پھر چھوٹ کر آئے اور پھر جیل گئے۔ اپنی زندگی کے کافی دن اُنھوں نے جیل خانے میں گذارے ہیں لیکن کبھی ملک کی خدمت سے مُنھ نہیں موڑا۔ کئی بار ملک نے اُنھیں کانگریس کا صدر منتخب کیا۔ کئی مرتبہ وہ کانگریس کے جنرل سکریٹری کے عہدہ پر بھی رہ چکے ہیں۔ دو سال تک اپنے شہر الہ آباد کے میونسپل بورڈ کے چیرمین بھی رہے لیکن بعد میں میونسپلٹی کی چیرمینی سے علیحدہ ہو گئے۔

ایثار، خدمت وطن اور آزادی کی جدوجہد، ان تمام باتوں میں جواہرلال کو اپنی بیوی کملا نہرو سے بڑی مدد ملی۔ وہ اُنھیں وقتاً فوقتاً ڈھارس اور تسلی دیتیں۔ ستیاگرہ کی تحریک میں حصہ لینے سے پہلے ہی نہرو خاندان نے اپنے رہن سہن کے طریقوں کو بدل دیا تھا۔ ایسا کرنا ضروری بھی تھا کیونکہ باپ بیٹے دونوں نے اپنی بیرسٹری سے ہونے والی آمدنی کو لات ماردی تھی۔ اکیلے پنڈت موتی لال جی ہی کئی لاکھ روپیہ سالانہ کماتے تھے۔ اب رہن سہن سادہ ہو گیا تھا۔ نوکر چاکروں کی تعداد کم کردی گئی تھی۔ گھوڑے بگھی وغیرہ جو اُن کی بدلی ہوئی زندگی سے میل نہ کھاتی تھیں فروخت کردی گئیں لیکن پھر بھی آرام کے لیے جو ضروری چیزیں تھیں وہ جیوں کی تیوں رہنے دی گئیں۔

۱۹۲۵ء میں جواہرلال کی بیوی کملا بہت بیمار ہو گئیں، کئی مہینے تک لکھنؤ کے ایک اسپتال میں زیر علاج رہیں۔ ڈاکٹروں نے مشورہ دیا کہ علاج کے لیے کملا کو سوئیٹزرلینڈ لے جایا جائے۔ یہ مشورہ جواہرلال کو پسند آیا۔ کملا اور کچھ دوسرے خاندان والوں کو لے کر وہ سوئیٹزرلینڈ کو چل دیے۔

یہ وقت اُن کے جسم اور دماغ دونوں کے لیے آرام کا تھا۔ اپنا زیادہ تر وقت اُنھوں نے سوئیٹزرلینڈ ہی میں گذارا۔ جب کملا کی طبیعت کچھ درست ہوئی تو کچھ دنوں کے واسطے اُنھوں نے فرانس، انگلینڈ اور جرمنی کی بھی سیر کی۔

یورپ میں وہ صرف ایک دور سے تماشہ دیکھنے والے کی حیثیت ہی سے رہے۔ پہلی جنگ عظیم کے بعد وہ نئے یورپ اور اُس کی سیاست کو دیکھ رہے تھے۔ لیکن جاڑے کا موسم آتے ہی وہاں کے کھیلوں سے اُن کی دلچسپی بڑھ گئی۔ تم جانتے ہو گے کہ سوئیٹزرلینڈ اپنے جاڑے کے کھیلوں کے لیے کس قدر مشہور ہے۔ چند مہینوں تک اُن کھیلوں میں اُن کی خاص دلچسپی رہی۔ یہیں پر اُنھوں نے اسکیٹنگ سیکھی۔ یہ ایک خاص قسم کا کھیل ہوتا ہے جو برف پر کھیلا جاتا ہے۔ دن گذرتے گئے اور آہستہ آہستہ کملا نہرو کو طاقت اور تندرستی حاصل ہوتی رہی۔ جواہر لال خود بہت اچھی تندرستی لے کر ہندوستان واپس آئے۔ وہاں پر اُنھوں نے یورپ اور امریکہ کی سیاسی اور معاشرتی حالت کا مطالعہ کیا تھا۔ اس طرح بیرونی ملکوں کے بارے میں جواہر لال کی واقفیت بہت بڑھ گئی تھی۔ روس کی طرف خاص طور سے اُن میں ایک کشش پیدا ہو گئی تھی۔

یورپ سے واپس آنے کے بعد وہ پھر ملک کی جنگ آزادی میں کود پڑے۔ اُسی زمانے میں حکیم اجمل خاں کا انتقال ہو گیا۔ حکیم صاحب کانگریس کے صدر رہ چکے تھے۔ اور ملک کے لیڈروں میں ایک بلند درجہ رکھتے تھے۔ ہندوستان کے قدیم طرز معاشرت میں اُن کی پرورش ہوئی تھی۔ نئی تہذیب و تمدن سے وہ بیگانہ تھے۔ اُن کا رہن سہن مغلوں کے شاہی زمانے کا ایسا تھا۔ لیکن باوجود اس کے ہر شخص کی طبیعت اُن کی شرافت کو دیکھ کر اور اُن کی عمدہ اور زندہ دلی کی باتوں کو سُن کر خوش ہو جاتی تھی۔ وہ حکیموں کے ایک مشہور خاندان سے تعلق رکھتے تھے، اس لیے اپنے پیشے میں بہت مصروف رہتے تھے۔ ہندو اور مسلمانوں کو اُنھوں نے ایک دوسرے کے بہت قریب لا دیا تھا۔ دونوں مذہب کے لوگ اُن کی بڑی عزت کرتے تھے اور دونوں پر اُن کا بہت اثر تھا۔ وہ گاندھی جی کے ایک بھروسے والے دوست تھے۔ حکیم صاحب سے بہت سے معاملات پر مشورہ لیتے تھے۔ جواہر لال کے والد پنڈت موتی لال نہرو اور حکیم صاحب ایک دوسرے کے بڑے دوست ہو گئے تھے اور آپس میں ایک دوسرے کو "بھائی صاحب" کہتے تھے۔

حکیم اجمل خاں کی موت سے کانگریس کو زبردست دھکا لگا۔ خاص کر گاندھی جی اور جواہر لال کو، اُن کے انتقال سے کانگریس کا ایک نہایت طاقتور معین و مددگار جاتا رہا۔

۱۹۲۹ء میں کانگریس کا سالانہ اجلاس لاہور میں ہوا جس کے صدر جواہر لال منتخب ہوئے

اُس زمانے میں وہ قریب چالیس برس کے تھے۔ اتنی کم عمر میں بہت کم لوگ کانگریس کے صدر رہوئے تھے۔ لاہور کے اجلاس میں جواہرلال نے بڑی زبردست کامیابی حاصل کی۔ لاہور کے رہنے والوں نے اُن کا بڑا شاندار خیر مقدم کیا۔ جیسے پہلی مرتبہ ملک کی مکمل آزادی کی تجویز پاس ہوئی اور طے ہوا کہ ہندوستان کے لیے مکمل آزادی سے کم کوئی چیز کانگریس کو قابل قبول نہ ہوگی۔

اس تجویز کے پاس ہونے کے بعد ہی ۱۹۳۰ء میں حکومت اور کانگریس کے درمیان پھر لڑائی شروع ہوگئی۔ ہماری آزادی کی لڑائیوں میں ۱۹۳۰ء کی لڑائی کو ایک خاص درجہ حاصل ہے۔ مہاتما گاندھی نے پہلے کی طرح اس مرتبہ بھی قیادت کی۔ جواہرلال کا سارا خاندان اس تحریک میں پھر کود پڑا۔ پنڈت موتی لال نہرو نے اپنا پرانا الہ آباد کا مکان کانگریس کو دے دیا، جس کا نام "سوراج بھون" رکھا گیا۔ اس وسیع مکان کا ایک حصہ اسپتال بنا دیا گیا۔ نمک کی قانون شکنی اس مرتبہ کی تحریک کا ایک خاص جز تھی۔ گاندھی جی سمندر کے کنارے نمک کی قانون شکنی کرنے کے واسطے پہونچے۔ سارے مُلک کے شہروں اور دیہاتوں میں یکبارگی نمک کی قانون شکنی ہونے لگی۔

بہرحال جواہرلال گرفتار کر کے نینی سنٹرل جیل بھیج دیے گئے۔ اس تحریک کی سب سے بڑی خصوصیت یہ تھی کہ ملک کی عورتوں نے بھی اس قومی جدوجہد میں حصہ لینا شروع کر دیا۔ لاکھوں عورتیں اپنے مکان کے حلقہ سے باہر نکل کر جنگ آزادی میں پوری طرح کود پڑیں۔ جواہرلال کی بوڑھی ماں اور بہنیں بھی سخت دھوپ میں کھڑی رہتیں۔ کملا نہرو نے بھی اس تحریک میں کام کیا۔ انھوں نے اپنی کمزور صحت کی پرواہ بالکل نہ کی۔ سارے دن دھوپ میں گھوما کرتیں اور سنگٹھن کے کام میں بڑی خوبی کے ساتھ لگی رہتی تھیں۔ جواہرلال بھی اُن کی اس ہمت کو دیکھ کر تعجب میں ہوگئے۔ اس عظیم الشان کام کا کملا کی تندرستی پر بڑا اثر پڑا، لیکن باوجود اس کے وہ عرصہ تک اسی طرح کام کرتی رہیں۔

جیل میں جواہرلال تین گھنٹے روزانہ چرخہ کاتتے پھر دو تین گھنٹے نواڑ بُنتے۔ یہ کام اُنھیں پسند بھی تھے کیونکہ ان سے اُن کا وقت آسانی سے کٹ جاتا تھا۔ اُن کے دماغ کو بھی آرام اور سکون ملتا تھا۔ وہ کتابیں بھی بہت پڑھتے تھے اور اپنے کپڑے خود اپنے ہاتھ سے دُھوتے تھے۔ ان تمام جسمانی کاموں کے کرنے میں اُنھیں ایک طرح کی خوشی ہوتی تھی۔

ایک دن اُسی احاطہ میں جہاں جواہرلال قید تھے، بڑی صبح کو اُن کے والد پنڈت موتی لال نہرو

اور اُن کے دوست ڈاکٹر سید محمود بھی لائے گئے۔ جن کو سوتے ہوئے گرفتار کیا گیا تھا۔

آٹھواں باب

پنڈت موتی لال نہرو کی وفات اور بہار کا زلزلہ

پنڈت موتی لال نہرو جب نینی جیل آئے تو اُن کی صحت خراب تھی۔ اب اُن کی حالت اور بھی گرنے لگی۔ بہت سے ڈاکٹر اُنھیں دیکھنے کے واسطے آئے لیکن جیل میں علاج کا کوئی مناسب انتظام نہ ہو سکتا تھا۔ اُن کی اس حالت کے پیش نظر اُن کے ایک دوست نے کسی اخبار کے ذریعہ سے حکومت کے سامنے ایک تجویز پیش کر دی کہ پنڈت موتی لال نہرو کو بوجہ اُن کی علالت کے جیل سے چھوڑ دیا جائے۔ اس تجویز کو معلوم کر کے پنڈت جی بہت ناخوش ہوئے۔ اُنھوں نے کہا کہ اس تجویز سے لوگ یہ خیال کریں گے کہ شاید میں نے ہی اس بات کی تحریک کرائی ہے، چنانچہ اُنھوں نے لارڈ اَروِن کو ایک تار دے دیا کہ میں کسی خاص رعایت کے ساتھ جیل سے چھوٹنا نہیں چاہتا۔ لیکن اُن کی حالت دن بدن خراب ہی ہوتی گئی۔ اُن کا وزن تیزی سے گھٹ رہا تھا۔ اُن کا جسم ڈھانچہ ہی ڈھانچہ رہ گیا تھا۔ آخر کار اُن کی حالت اس قدر نازک ہو گئی کہ دس ہفتے کے اندر ہی اُنھیں جیل سے رہا کر دیا گیا۔

جواہر لال پھر بھی جیل ہی میں رہے۔ ایک دن اچانک اُنھیں بتایا گیا کہ اُن کے والد کی حالت تشویش ناک ہے اور اُنھیں فوراً ہی مکان جانا ہوگا۔ اس طرح باپ کے دیکھنے کے لیے جواہر لال جی کو بھی رہا کر دیا گیا۔ اُن کے بہنوئی رنجیت پنڈت بھی اُن کے ساتھ ہی بھیج دیے گئے۔

ایک بوڑھے شیر کی طرح جس کا جسم بُری طرح زخمی ہو گیا ہو اور جس کی طاقت جسم سے قریب قریب جاتی رہی ہو پنڈت موتی لال الہ آباد میں اپنے بستر علالت پر پڑے تھے۔ پنڈت جواہر لال اور خاندان کے دوسرے لوگ اُن کے پاس پہونچ چکے تھے۔ پنڈت موتی لال جی کی زندگی اور موت کی کشمکش آخری درجہ کو پہونچ چکی تھی۔ اپنی کمزور آواز میں اُنھوں نے گاندھی جی سے کہا "مہاتما جی! میں یہاں سے جلد ہی رخصت ہو جانے والا ہوں، سوراج دیکھنے کے لیے زندہ نہیں رہوں گا، لیکن میں جانتا ہوں کہ آپ نے سوراج فتح کر لیا ہے اور وہ جلد ہی آپ کے ہاتھ آ جائے گا۔"

موٹر کے ذریعہ سے اُنھیں الہ آباد سے لکھنؤ لے جایا گیا۔ جہاں اکسرے کے علاج کی آسانی تھی۔ گاندھی جی اور دوسرے لوگ بھی اُن کے ساتھ لکھنؤ گئے۔ دوسرے دن صبح کو جواہرلال جی اُن کے بستر کے پاس بیٹھے ہوئے اُنھیں دیکھ رہے تھے۔ اُن کی رات بے چینی اور تکلیف سے گذری تھی۔

یکایک اُن کا چہرہ شانت ہو گیا اور موت سے مقابلہ کرنے کی طاقت ختم ہو گئی۔ اُن کی روح اُن کے جسم فانی کو چھوڑ کر پرواز کر گئی۔ اُنھیں آخری نیند نے دبوچ لیا جس کے بعد پھر جاگنا ممکن نہ تھا۔

پنڈت موتی لال کی لاش کو اُسی دن لکھنؤ سے الہ آباد لے جایا گیا۔ اس المناک واقعہ سے جواہرلال بہت رنجیدہ اور ہراساں ہو گئے۔ لاش قومی جھنڈے کے کپڑے میں لپیٹی گئی۔ لکھنؤ اور الہ آباد دونوں جگہ اُن کی موت کی خبر سُن کر عوام کا بہت بڑا مجمع مرحوم کی روح کو دعائیں دینے کے لیے اُمنڈ پڑا۔

الہ آباد میں مکان پر کچھ مذہبی رسوم کے بعد پنڈت موتی لال نہرو کا بے روح جسم اپنے آخری سفر پر گنگا کو چلا۔ جنازہ کے ساتھ مجمع کی کوئی انتہا نہ تھی۔ چتا کی اونچی اونچی لپٹوں نے اُس جسم کو جلا کر خاک کر دیا جس کی جواہرلال جی کے لیے، اُن کے دوستوں کے لیے اور ہندوستان کے کروڑوں آدمیوں کے لیے بڑی قیمت اور اہمیت تھی۔

اسی درمیان کانگریس اور حکومت برطانیہ میں دہلی میں ایک سمجھوتہ ہو جانے کی وجہ سے ۱۹۳۰ء کی تحریک وقتی طور پر بند ہو گئی۔ ولایت میں ایک گول میز کانفرنس منعقد ہوئی، جس میں ہندوستان کے بھی کچھ ممبر شامل ہوئے۔

۱۹۳۴ء میں صوبہ بہار میں ایک زبردست زلزلہ آیا۔ ہزاروں آدمیوں کے گھر بار برباد ہو گئے۔ بہت سے آدمی مرے، بہت سے بچے اور عورتیں گری ہوئی دیواروں کے نیچے دب کر مر گئیں۔ کروڑوں روپے کی مالیت کی جائداد تلف ہو گئی لاکھوں آدمیوں کے جینے کا کوئی ٹھکانا نہ رہا اور وہ بے گھر بار کے ہو گئے۔ اُن لوگوں کی قابلِ رحم حالت کو دیکھ کر سب کو ترس آتا تھا۔ بہار کے مشہور لیڈر ڈاکٹر راجندر پرشاد اور پنڈت جواہرلال نہرو تن من دھن سے اُن لوگوں کی مدد میں مصروف ہو گئے۔ بہت سی جگہوں میں جا کر اُنھوں نے وہاں کے دل ہلا دینے والے نظارے اپنی آنکھوں سے دیکھے۔ اُن کی مدد کے لیے جنس اور روپیہ پیسہ جمع کیا۔ مزید امداد کے واسطے اپیل کی جس کے لیے لوگوں نے بہت کافی چندہ دیا۔ حکومت کو بھی جلد سے جلد امداد پہونچانے پر آمادہ کیا۔ دس دن تک جواہرلال اس مصیبت کے مارے صوبہ میں آفت زدہ لوگوں کو

ہر قسم کی امداد پہنچانے کے واسطے گھومتے رہے، اُنھیں دم مارنے کی فرصت نہ ملتی تھی۔ صبح پانچ بجے سے لے کر آدھی رات تک وہ امدادی کاموں میں مصروف رہتے۔ وہ خود پھاوڑا اور کُدال لے کر چلتے اور حسب ضرورت ملبوں کی کھُدائی میں مدد کرتے۔ اس طرح کھُدائی میں اُنھوں نے ایک چھوٹی لڑکی کی لاش برآمد کی تھی۔

بہار کے امدادی کاموں سے فارغ ہو کر جب پنڈت جواہر لال تھکے ماندے الہ آباد لوٹ کر آئے تو دو ہی دن کے بعد پھر گرفتار کر کے جیل بھیج دیے گئے۔

نواں باب

کملا نہرو کی موت

کملا کی تندرستی کبھی پوری طرح ٹھیک نہ ہو پائی تھی۔ کچھ عرصہ کے بعد وہ پھر بیمار پڑ گئیں۔ علاج کے لیے اس مرتبہ اُنھیں بمبئی لے جایا گیا۔ اُن کی حالت میں بہت سے اُتار چڑھاؤ ہوتے رہتے تھے۔ اُن دنوں جواہر لال دہرہ دون جیل میں تھے۔ کملا کی بیماری کی خبر اُنھیں پریشان کیے رہتی تھی۔ کملا کی حالت دن بدن خراب ہوتی گئی یہاں تک کہ اُن کی تندرستی بہت گر گئی۔

کملا کی بیماری کی وجہ سے جواہر لال صرف چند دن کے لیے عارضی طور پر جیل سے رہا کر دیے گئے۔ اُن کی لڑکی اندرا، رابندر ناتھ ٹیگور کے مشہور شانتی نکیتن سے جہاں وہ پڑھتی تھیں بُلالی گئیں۔ کملا کی تندرستی کی حالت دریافت کرنے کے لیے جواہر لال کے دوست اور ملنے والے برابر آتے رہتے تھے۔

جیل سے آنے کے بعد جواہر لال نے کملا کو بہت ہی دُبلی اور کمزور پایا۔ اُن کا جسم صرف ڈھانچہ ہی ڈھانچہ رہ گیا تھا۔ وہ بہت کمزور ہو چکی تھیں اور اپنی اس کمزوری کی حالت میں بیماری کا مقابلہ کر رہی تھیں۔ کملا کی جدائی کا خیال جواہر لال کے لیے بہت ہی تکلیف دہ تھا۔

اُس وقت اُن کی شادی کو ساڑھے اٹھارہ سال ہو چکے تھے۔ شادی کے وقت جواہر لال چھبیس سال کے تھے اور کملا لگ بھگ سترہ سال کی تھیں۔ دونوں میں ایک دوسرے کے لیے کافی کشش اور محبت تھی۔ دونوں اچھی طرح ہل مل گئے تھے۔ لیکن باوجود اس کے دونوں میں بعض باتوں پر کسی قدر

اختلاف بھی رہتا تھا۔ شادی کے اکیس مہینے کے بعد صرف ایک لڑکی اندرا پیدا ہوئی تھی۔

جواہر لال کو مختلف ذرائع سے سمجھایا گیا کہ اگر سیاسی معاملات میں حصّہ لینا ملتوی کر دیں تو اُنھیں کملا کی تیمارداری کے لیے چھوڑ دیا جائے۔ جواہر لال کے لیے یہ بہت سخت شرط تھی۔ ایسا کرنے سے اُن کے اُن سب اصولوں پر پانی پھر جاتا جن کے واسطے اُنھوں نے اپنا سب کچھ قربان کر دیا تھا۔ لہٰذا اُنھوں نے اس بات کو منظور نہ کیا۔

کملا قریب قریب غافل سی پڑی تھیں۔ بخار بہت تیز تھا۔ جواہر لال کو اپنے سے قریب رہنے کی اُن کی بڑی خواہش تھی لیکن وہ یہ بھی نہ چاہتی تھیں کہ جواہر لال حکومت کو کسی قسم کی یقین دہانی کریں۔ جب جواہر لال جیل واپس جانے کے لیے کملا سے رخصت ہو کر چلے تو کملا نے ہمّت بھری مسکراہٹ سے اُن کی طرف دیکھا اور اُنھیں اپنی طرف جھکنے کا اشارہ کیا۔ جواہر لال کے جھکنے پر کملا نے اُن کے کان میں کہا "حکومت کو یقین دہانی کی کوئی ضرورت نہیں ہے۔ آپ ایسا ہرگز نہ کیجیے گا۔"

کملا کی حالت درست نہ ہوئی۔ انتظار کرتے رہنا بیکار سمجھا گیا اور یہ طے کیا گیا کہ تبدیل آب و ہوا کے لیے اُنھیں بھوالی لے جایا جائے، چنانچہ ایسا ہی ہوا۔ جواہر لال الموڑہ ڈسٹرکٹ جیل کو تبدیل کر دیے گئے تاکہ وہ کملا سے کافی نزدیک رہ سکیں۔

وہاں بھی کملا جی کی حالت میں کوئی خاص فرق نہ ہوا اس لیے مئی ۱۹۳۵ء میں اُنھیں بھوالی سے علاج کے لیے پھر یورپ لے جایا گیا۔ وہاں اُن کی حالت اور بھی خراب ہو گئی۔ ۴ ستمبر کو یکایک جواہر لال الموڑہ جیل سے چھوڑ دیے گئے۔ اُس وقت کملا جی کا علاج جرمنی کے ایک اسپتال میں ہو رہا تھا۔

جواہر لال فوراً ہوائی جہاز سے اُن کو دیکھنے کے لیے یورپ کو روانہ ہو گئے۔

جب جواہر لال کملا سے ملے تو کملا کے چہرے پر وہی پُرانی ہمّت بھری مُسکراہٹ تھی۔ لیکن وہ بہت کمزور تھیں یہاں تک کہ باتیں کرنے میں بھی اُنھیں تکلیف ہوتی تھی۔ جواہر لال کے آنے سے کملا جی کی صحت میں کچھ فرق ہوا۔ دوسرے دن وہ کچھ بہتر معلوم ہونے لگیں لیکن اُن کی حالت بہت نازک تھی۔ آہستہ آہستہ کملا جی کے جسم سے روح کھنچتی چلی جا رہی تھی۔ لیکن جس بات کا خوف تھا وہ اس قدر جلد نہ ہوئی۔ اور زندگی کی سانسیں کچھ عرصہ تک برابر چلتی رہیں۔ زیادہ دیر تک بات چیت کرنے کی تو اُن میں طاقت تھی ہی نہیں۔ جواہر لال اُن سے بہت تھوڑی بات چیت کرتے اور جب اُن کے چہرے پر تھکن کے

ستار دیکھتے تو چپ ہو جاتے۔ کبھی کبھی وہ کملا کو کتابیں پڑھ کر سناتے تھے۔

کملا نہرو نے کوئی اعلیٰ تعلیم حاصل نہیں کی تھی۔ لیکن باوجود اس کے وقت کی تمام باتوں سے وہ کافی واقف تھیں۔ دراصل وہ معیاری ہندوستانی خاتون تھیں۔ جان پہچان والوں سے وہ کھلے دل سے اور بڑی خوشی کے ساتھ باتیں کرتی تھیں لیکن ناواقف آدمیوں سے بات کرنے میں انھیں تکلف ہوتا تھا۔ ملک کے سیاسی کاموں میں مصروف رہنے کے باوجود جواہر لال کملا کو بھول تو نہ پائے تھے، بلکہ کملا کا خیال انھیں ستاتی دیتا رہتا تھا۔ وہ اپنے مکان جلد جلد آنے کے بہت خواہشمند رہا کرتے تھے۔ انھیں یہ خیال رہ رہ کر ستاتا تھا کہ کملا کے نہ ہونے کے بعد مجھ میں طاقت اور ہمت کون بندھائے گا۔

۱۹۳۵ء کے بڑے دن کے تیوہار کے زمانہ میں کملا کی حالت بہت زیادہ خراب ہو گئی تھی۔ نہایت سخت حالات کا سامنا تھا۔ کملا جرمنی سے اُکتا بھی گئی تھیں چنانچہ تبدیل آب و ہوا کے خیال سے جواہر لال انھیں سوئیٹزرلینڈ لے گئے۔ اس تبادلہ کا بھی کملا کی صحت پر کچھ اثر نہ ہوا۔ آخر کار ۲۸ فروری ۱۹۳۶ء کی صبح کو کملا نہرو اس دنیا کو چھوڑ کر دوسری دنیا کو سدھار گئیں۔

کملا نہرو کی وفات سے وہ تعلق جو جواہر لال کو یورپ میں روکے ہوئے تھا منقطع ہو گیا۔ انھوں نے دل پر پتھر رکھ کر اس سانحہ کو برداشت کر لیا اور ہندوستان لوٹ آئے۔ کملا کے بغیر انھیں چاروں طرف اندھیرا معلوم ہوتا تھا۔ الہ آباد پہونچ کر انھوں نے کملا کے پھول پیاری اور پاک گنگاجی کو نذر کر دیے۔

دسواں باب

گذشتہ دس سال

۱۹۳۷ء کے شروع میں ہندوستان کے دیہاتوں اور شہروں میں ایسے نظارے دیکھنے میں آتے تھے جو اس سے پہلے کبھی نہ دیکھے گئے تھے۔ بڑے بڑے جلسے ہوا کرتے تھے۔ ملک میں ہر جگہ بڑی چہل پہل تھی۔ کانگریس نے صوبہ کی اسمبلیوں کے انتخابات میں حصہ لینے کا فیصلہ کیا تھا۔

"راشٹرپتی کی جے"

"بھارت ماتا کی جے"

ہزاروں مردوں اور عورتوں کے مجمعوں میں ہر ایک کے مُنھ سے یہی نعرہ نکل کر آسمان میں گونج رہا تھا۔ کچھ دیر بعد ہی اڑتالیس برس کی عمر کا کھدر کے دودھ جیسے سفید کپڑے پہنے ہوئے ایک انسان جو کانگریس کا راشٹرپتی تھا اپنے کچھ دوستوں کے ساتھ ایک زبردست مجمع کے بیچ سے گذرتے ہوئے اپنی نظر اُٹھائے ہوئے لوگوں کی طرف دیکھتے ہوئے اور ہاتھ جوڑکر سب کا سلام قبول کرتے ہوئے ڈیس کی طرف آہستہ آہستہ بڑھ رہا تھا۔ اُس کے چہرہ پر اُس وقت مُسکراہٹ تھی اور آنکھوں میں چمک۔

حاضرین میں سے کوئی آدمی یا عورت نکل کر راشٹرپتی کے گلے میں پھولوں کا ہار ڈال رہی تھی۔ تالیاں بج رہی تھیں اور پھر وہی آواز" بھارت ماتا کی جے" آسمان میں گونجنے لگتی تھی۔

راشٹرپتی نے کھڑے ہوتے ہی پوچھا" یہ بھارت ماتا کون ہے جس کی جے آپ لوگ بول رہے ہیں"

اس سوال پر خاموش رہتے ہوئے پہلے تو سب لوگوں نے راشٹرپتی کی طرف غور کرکے دیکھا اور پھر ایک دوسرے کا مُنھ تاکنے لگے۔ تھوڑی دیر تک جلسہ میں خاموشی رہی پھر سوال دُہرایا گیا کہ" بتلائیے یہ کون ہے بھارت ماتا جس کی جے آپ لوگ پکار رہے ہیں؟"

سب لوگ پھر خاموش رہے۔ تھوڑی دیر کے بعد ایک آدمی نے ہمت کرکے جواب دیا کہ بھارت ماتا کا مطلب ہے" دھرتی"۔ بیچارے کسان کا دماغ دھرتی کے سوا اور جاتا ہی کہاں؟

پھر سوال جواب کا ایک سلسلہ بندھ جاتا۔ کون سی دھرتی؟ آپ کے گاؤں کی دھرتی یا آپ کے صوبہ کی یا ساری دنیا کی؟ سوالوں کا ٹھیک ٹھیک جواب نہ دے سکنے سے وہ لوگ پریشان ہوکر اور چلاّ کر کہنے لگتے کہ ان سب کا مطلب آپ ہی سمجھائیے۔ ہم آپ سے سمجھنا چاہتے ہیں۔

اس کے بعد راشٹرپتی سب کو سمجھاتے کہ بھارت ماتا کا اصلی مطلب کیا ہے۔ اُس کے اندر وہ سب ہی چیزیں شامل ہیں جو تم لوگوں نے بتائی ہیں۔ لیکن سب سے بڑی چیز تو یہ ہے کہ ہم سب لوگ خود ہی جو بھارت کے رہنے والے ہیں بھارت ماتا ہیں اور بھارت ماتا کی" جے" کے نعرہ کا مطلب یہ ہے کہ ہم خود اپنی جے پکار رہے ہیں۔ یہ راشٹرپتی کون تھا۔ جواہر لال۔

حاضرین کی سمجھ میں اب بھارت ماتا کی جے کا مطلب آ گیا۔ اُن کی آنکھیں چمک اُٹھیں۔ گویا اُنھیں اپنے اندر کسی پوشیدہ راز کا پتہ لگ گیا۔

اس طرح کے نظارے ہمارے دیش میں دس برس پہلے ہر جگہ دیکھنے کو ملتے تھے اُس وقت سے لے کر آج تک یعنی ۱۹۳۷ء سے ۱۹۴۷ء تک کے دس برس کے زمانہ کے ہندوستان کو تاریخ میں بڑی اہمیت حاصل ہے۔ ان دس سالوں کے اندر ہونے والے سب واقعات کو تم پوری طرح سمجھ نہ پاؤ گے، اس لیے ہم اس زمانے کی صرف موٹی موٹی باتوں کا بیان کریں گے۔

ان دس سالوں کے اندر بہت جلد جلد ہندوستان کے مستقبل کو بنانے والے واقعات پیش آئے ان سب میں جواہر لال کا بڑا ہاتھ رہا۔

جواہر لال پھر کانگریس کے صدر یا راشٹرپتی منتخب ہوئے۔ راشٹرپتی ہونے کی وجہ سے ان کو پورے ہندوستان کا دورہ کرنا پڑا۔ اس دورہ میں اُنھوں نے ہزاروں میل کا سفر کیا اور ہندوستان کے کونہ کونہ میں جاکر اُنھوں نے کانگریس کا پیغام لوگوں کو سُنایا۔ کبھی موٹر سے سفر کیا کبھی ہوائی جہاز سے اور کہیں کہیں بیل گاڑی ہی سے۔ ایک بار اُنھوں نے ایک ہفتہ میں ڈیڑھ سو تقریریں کیں۔ ان ہی دس برسوں میں جواہر لال نے کچھ دوسرے ملکوں کا بھی سفر کیا جن میں سے چین، اسپین، ملایا اور انڈونیشیا وغیرہ خاص جگہیں ہیں۔

عام انتخابات میں کانگریس کو کامیابی حاصل ہوئی۔ اور صوبوں میں کانگریسی وزارتیں کام کرنے لگیں۔ اس کے بعد دنیا کی سب سے بڑی لڑائی چھڑ گئی جس میں ایک طرف جرمنی کا ڈکٹیٹر ہٹلر چند دوسرے ملکوں کے ساتھ تھا، اور دوسری طرف برطانیہ اور کچھ اور ملک۔ ہمارے ملک کے لیڈروں کی رائے لیے بغیر ہی گورنمنٹ برطانیہ نے اعلان کر دیا کہ ہندوستان جرمنی اور اُس کے مددگار ملکوں کے مقابلہ میں لڑی جانے والی جنگ میں حصّہ لے گا۔ ہمارے ہندوستان کے لیڈروں نے گورنمنٹ برطانیہ سے دریافت کیا کہ یہ جنگ کس مقصد سے لڑی جا رہی ہے۔ لیڈروں کا کہنا تھا کہ اگر جنگ کا مقصد یہ ہے کہ طاقتور اقوام کمزور اقوام کو اپنے چنگل میں دبائے رکھیں تو وہ اس جنگ میں برطانیہ کا ساتھ نہ دیں گے اور اگر اس جنگ کا مقصد جمہوری اداروں کی حفاظت کرنا ہے تو ہم مدد کرنے کو تیار ہیں۔

گورنمنٹ نے قابلِ اطمینان جواب نہ دیا۔ کانگریسی وزارتوں نے کام چھوڑ دیا اور ملک میں پھر ستیاگرہ شروع ہوگئی۔ درمیان میں سمجھوتہ کی بہت ہی کوشش کی گئی لیکن سب بیکار رہی۔ آخر کار ۱۹۴۲ء میں کانگریس نے اپنی تجویز "بھارت چھوڑ دو" پاس کر دی۔ اس تجویز کے ذریعہ سے کانگریس نے انگریزوں سے حکومت کی باگ ڈور ہندوستانیوں کے ہاتھ میں دے کر ہندوستان چھوڑ دینے کا مطالبہ پیش کیا۔

اس نئی تجویز کی وجہ سے حکومت اور کانگریس کے درمیان ایک نئی کشمکش شروع ہو گئی۔ چنانچہ جب کانگریس کے لیڈر بمبئی میں جمع ہو کر اس تجویز پر غور کر رہے تھے تو اُنھیں گرفتار کر کے جیل بھیج دیا گیا۔ جواہرلال کانگریس ورکنگ کمیٹی کے بہت سے ممبروں کے ساتھ احمد نگر کے قلعہ میں قید کر دیے گئے۔ ڈاکٹر سید محمود اور جواہرلال کو جیل کا چوتھا کمرہ ملا۔ یہ جواہرلال کی نویں اور سب سے لمبی جیل یاترا تھی۔

احمد نگر جیل میں وہ ایک ہزار اکتالیس دن رہے۔ اُنھوں نے جیل میں اپنا وقت مفید کاموں میں صرف کیا۔ یہیں اُن کو باغبانی کا شوق ہوا۔ اُنھوں نے طرح طرح کے پھولوں کے بیج اپنے ہی خرچ سے منگوائے۔ اپنے ہی ہاتھوں سے زمین کھودی، کھاد ڈالی اور درخت لگائے۔ اُن کی محنت سے جیل کا صحن ایک خوبصورت پھلواری بن گیا۔ ہفتہ میں ایک بار باورچیخانے کا سب انتظام خود کرتے تھے۔ وہی کھانا لگاتے اور کھانے کی میزوں کو پھولوں سے سجاتے تھے۔

اُن کے کمرہ میں ایک اچھا خاصہ کتب خانہ تھا۔ وہ بہت سی کتابیں منگا کر پڑھتے۔ جو وقت بچ جاتا اس میں "ہندوستان کی کہانی" لکھتے رہتے۔ یہ کتاب اُن کی مشہور کتابوں میں سے ہے۔ اس کتاب کے بارے میں تم کسی اگلے باب میں پڑھو گے۔

احمد نگر جیل سے رہا ہوتے ہی جواہرلال پھر حصول آزادی کی تجویزوں میں مصروف ہو گئے۔ اسی زمانے میں گورنمنٹ برطانیہ نے ہندوستان کی سیاسی حالت کا مطالعہ کرنے کے لیے انگلینڈ سے ایک وفد ہندوستان بھیجا تھا جس کے اور ہندوستانی لیڈروں کے درمیان مختلف معاملات پر طویل گفتگو ہوئی۔ پھر دہلی اور لندن میں کئی کانفرنسیں ہوئیں۔ اسی درمیان میں پھر صوبہ کے انتخابات کا زمانہ آگیا۔ جواہرلال کو ان انتخابات کے متعلق ملک میں طویل دورے کرنے پڑے۔ بہت سے صوبوں میں دوبارہ کانگریسی وزارتیں بن گئیں۔

سب سے آخر ۱۹۴۶ء میں ایک وزارتی وفد جو کیبنٹ مشن کے نام سے مشہور ہے ہندوستان آیا اور جس نے ملک کے تمام لیڈروں سے بہت کچھ تبادلہ خیال کیا۔ اس گفتگو میں پنڈت جواہرلال نہرو نے خاص حصہ لیا۔ اس کے آخری نتیجہ میں ہندوستان کو حکومت خود اختیاری دینا طے ہوا۔ درمیانی زمانہ کے لیے ایک عارضی حکومت کا قیام عمل میں آیا جو انٹیرم گورنمنٹ کے نام سے مشہور ہے اور جس کی نائب صدارت کی خدمات پنڈت جواہرلال نہرو کو سپرد ہوئیں۔ اسی درمیان چند پیچیدہ مسائل کو آخری طور پر طے کرنے کے لیے وزیراعظم برطانیہ کی دعوت پر پنڈت جواہرلال نہرو کو بذریعہ ہوائی جہاز لندن بھی جانا پڑا۔ جہاں صرف

تین یوم قیام کرکے ہوائی جہاز سے وہ پھر بعجلت ہندوستان واپس آگئے تاکہ یہاں ملک کی پہلی جماعت قانون ساز کے جلسہ کے منعقد ہونے کا انتظام کریں۔ اس طرح کے اور بھی واقعات پیش آتے رہے۔ آخر کار ۱۵ راگست ۱۹۴۷ء کا وہ مبارک دن آگیا جبکہ ہندوستان حکومت برطانیہ کے اثر سے بالکل نجات پاگیا۔ جنگ آزادی کا جو ترنگا جھنڈا، کانگریس نے اپنی تحریک ستیا گرہ کے شروع میں قائم کیا تھا اور جو شہید وطن پنڈت موتی لال نہرو کا کفن بنا تھا وہی آج ہندوستان کی قومی حکومت کا ملکی جھنڈا قرار پایا۔

حصول آزادی کے سلسلہ میں پنڈت جواہر لال نہرو نے جو اَن تھک کوششیں کیں، بڑی سے بڑی قربانیاں پیش کیں اور جن سختیوں کو برداشت کرکے مہاتما گاندھی کی اُٹھائی ہوئی جنگ آزادی کو کامیاب بنایا، اُن کے اعتراف کے طور پر وہ آزاد ہندوستان کے پہلے وزیر اعظم منتخب ہوئے۔ اپنے لائق اور نامور بیٹے کی کوششوں کی یہ کامیابی دیکھ کر اُن کے والد مرحوم پنڈت موتی لال نہرو کی روح جن کے سفر آخرت کے وقت جنگ آزادی کی ابتدا ہوئی تھی، جنت میں پھولی نہ سماتی ہوگی۔ اُمید ہے کہ آزادی کے اس دیوتا کی سرپرستی میں بھارت ورش جلد ہی دنیا کے ترقی یافتہ ملکوں کی صف اول میں کھڑا ہوگا۔

گیارھواں باب

کچھ اور باتیں

اب سے دو سال بعد جواہر لال ساٹھ برس کے ہو جائیں گے۔ ۱۹۴۷ء میں جب یہ کتاب لکھی جارہی ہے وہ اٹھاون سال کے ہیں اس عمر میں بھی وہ گاندھی ٹوپی پہنے ہوئے بہت ہی خوش رُو معلوم ہوتے ہیں۔

جواہر لال قد میں قریب قریب پونے چھ فٹ لمبے ہیں۔ اُن کی تندرستی بہت اچھی رہتی ہے اور وہ اس کو درست رکھنے کے لیے روزانہ ورزش کرتے ہیں۔ بیمار بہت کم ہوتے ہیں۔ اُن کا خیال ہے کہ بیماری آرام طلبی سے آتی ہے جو اُنھیں بالکل پسند نہیں ہے۔

اُن کا رہن سہن معمولی رہتا ہے۔ وہ اپنے خیالات ہمیشہ بلند رکھتے ہیں۔ پہلے اُن کے خاندان کی رہائش کا طریقہ بہت ہی شاہانہ تھا، لیکن جب سے اُنھوں نے جنگ آزادی میں حصہ لیا اُن سب باتوں کو خیرباد کہہ دیا۔

۱۵؍اگست کو آدھی رات کے وقت پنڈت جواہر لال نہرو کی تقریر

آئین ساز اسمبلی

آزادی کے دن کا حلفیہ عہد

اُن کے والد پنڈت موتی لال نہرو کی آمدنی بہت کافی تھی۔ اس لیے اُن کے اُس وقت کے رہن سہن کے بارہ میں بہت سی بے بنیاد باتیں مشہور ہو گئی ہیں۔ اُن میں سے ایک یہ ہے کہ اُن کے کپڑے پیرس میں دُھلتے تھے یہ بالکل غلط ہے۔ جواہر لال نے خود کئی مرتبہ اس کی تردید کی ہے۔ پھر بھی لوگوں میں اب تک یہ خیال جیوں کا تیوں قائم ہے کہ اُن کے کپڑے پیرس ہی میں دُھلا کرتے تھے۔ اُن کا قول ہے کہ جو کوئی اس طرح کی فضول خرچی کرے وہ اول درجہ کا بیوقوف کہلانے کا مستحق ہے۔ اسی طرح کی ایک دوسری بات بھی مشہور ہے کہ جواہر لال کی تعلیم انگلینڈ کے پرنس آف ویلس کے ساتھ ہوئی تھی اور جب ۱۹۲۱ء میں پرنس آف ویلس ہندوستان آئے تھے تو اُنھوں نے جواہر لال کو دریافت کیا تھا اور یہ کہ وہ جواہر لال سے ملنا چاہتے تھے لیکن حکومت نے اُن دنوں جواہر لال کو جیل میں بند کر رکھا تھا۔ یہ افواہ بھی بالکل فرضی ہے۔ نہ جواہر لال کبھی پرنس آف ویلس کے ساتھ پڑھے اور نہ کبھی اُن سے ملے۔

جواہر لال کو کتابیں پڑھنے کا بہت شوق ہے۔ وہ کتابوں کے عاشق ہیں۔ وقت ملنے پر مختلف مضامین کی کتابیں پڑھا کرتے ہیں۔ اُن کا ذاتی کتب خانہ کافی بڑا ہے جس کو وہ بڑھاتے ہی رہتے ہیں۔ اپنے ملک یا غیر ملک میں جہاں کہیں کسی اچھی کتاب کے چھپنے کا اُن کو پتہ لگتا ہے فوراً آرڈر دے کر منگا لیتے ہیں۔ مختلف کاموں میں مشغول رہتے ہوئے بھی وہ پڑھنے کے لیے وقت نکال لیتے ہیں۔ کتابیں پڑھنے کا سب سے اچھا وقت اُنھیں اُس وقت ملتا ہے جب وہ ریل میں ایک شہر سے دوسرے شہر کو سفر کرتے ہیں۔ سفر پر روانہ ہوتے وقت وہ اپنے ساتھ کتابوں کا بکس بھر کر ساتھ لے جاتے ہیں اگرچہ ان سب کتابوں کو پڑھنے کا پورا موقع اُنھیں کم ملتا ہے تاہم اس خیال سے کہ اُن کے پاس پڑھنے کے لیے کافی مسالہ موجود ہے، اُنھیں اطمینان رہتا ہے۔

آؤ، اب اپنے ملک کے اس بلند پایہ لیڈر کے اُن اوصاف پر نظر ڈالیں جن کی وجہ سے وہ درحقیقت اتنے اونچے درجے کے لیڈر ہیں۔ ایک اعلیٰ درجہ کا لیڈر بننے کے لیے تمھارے خیال میں کیا کیا اوصاف ضروری ہیں۔ سوچو! تم کہوگے کہ قابلیت، ایمانداری، وفاداری، خدمت اور ایثار کے اوصاف۔ ٹھیک ہے، میں مانتا ہوں کہ ہر لیڈر میں یہ اوصاف ہونا ضروری ہیں لیکن ایک لیڈر کے اوصاف کی فہرست میں سب سے پہلا وصف جو بہت ہی ضروری ہے، اُس کا نام ہے ہمت یا بہادری۔ جواہر لال میں ہمت اور بہادری کی صفت پوری پوری موجود ہے۔ اگر وہ دیکھیں گے کہ آپ کوئی غلطی کر رہے ہیں تو وہ بغیر

کسی لحاظ کے آپ سے کہہ دیں گے کہ آپ غلطی کر رہے ہیں۔ اس معاملہ میں وہ اپنے دوستوں کی کوئی طرفداری نہیں کرتے۔ اکثر ایسا ہوا ہے کہ اپنی رائے صاف صاف ظاہر کر دینے کے نتیجہ میں انھیں کبھی کبھی کچھ زحمتوں کا سامنا بھی کرنا پڑا ہے لیکن وہ اس سے چوکنے والے نہیں۔ اُن کے سیاسی میدان میں آنے کے شروع زمانہ کا ایک واقعہ میں تمھیں سُناتا ہوں۔ جس سے تمھیں پورے طور پر معلوم ہو جائے گا کہ وہ کتنے نڈر واقع ہوئے ہیں اور کس قدر ہمت کے مالک ہیں۔

سنہ ۱۹۱۲ء میں اُن کے والد ہمارے صوبہ کے ایک سیاسی جلسہ میں تقریر کر رہے تھے۔ سُننے والے بڑے غور سے اُن کی تقریر سُن رہے تھے اور جلسہ میں سناٹا چھایا ہوا تھا۔ شروع شروع میں پنڈت موتی لال جی نرم دَل کے تھے۔ نرم دَل کے ممبر حکومت برطانیہ کے خلاف کسی ایسی تحریک کے موافق نہ تھے کہ جس میں حکومت کا بائیکاٹ یا ترک موالات یا قانون شکنی شامل ہو۔ وہ چاہتے تھے کہ عرض معروض ہی سے حکومت کو ملک میں سیاسی مراعات دینے کے لیے رضامند کیا جاوے۔

ایک بلند پایہ بیرسٹر ہونے کی وجہ سے پنڈت موتی لال جی نے حاضرین کو اپنے دلائل سے قائل کر دیا تھا۔ اسی وقت اچانک جلسہ میں سے کسی کی آواز آئی "اعتراض" اس کا مطلب یہ تھا کہ اس لفظ کا کہنے والا تقریر کرنے والے کی بات سے متفق نہیں ہے۔ اور وہ مقرر کی بات پر اعتراض کرتا ہے۔ اس آواز پر پنڈت موتی لال نے تعجب سے دریافت کیا 'اعتراض؟' یعنی کس کو میری بات پر اعتراض ہے جلسہ میں ایک لمحہ تک سب لوگ خاموش رہے۔ پھر اُسی کونہ سے آواز آئی 'اعتراض'۔ لوگوں کو تعجب ہوا اور اعتراض کرنے والے شخص کو معلوم کرنے کے لیے وہ اِدھر اُدھر مُڑ کر دیکھنے لگے۔ چنانچہ معلوم ہوا کہ اعتراض کرنے والا شخص ایک خوبصورت اور فیشن ایبل نوجوان ہے۔ جس نے ابھی کم سنی سے نکل کر جوانی میں قدم رکھا ہے۔

یہ واقعہ جواہر لال کی ہمت اور بہادری کا ایک کُھلا ہوا ثبوت ہے۔ جب اُنھوں نے دیکھا کہ اُن کے والد جلسہ میں غلط بات کہہ رہے ہیں تو اُن کی مخالفت کرنے میں اُنھیں کوئی تکلف نہ ہوا۔ ہر بات کو صاف صاف کہہ دینا اُن کی عادت میں داخل ہے۔ وہ کسی بات کو چھپاتے نہیں۔ خواہ وہ بات چھوٹی ہو یا بڑی۔ اُن کے کیرکٹر کی یہ خصوصیت ہر جگہ نظر آئے گی۔

جب میں تم لوگوں کے واسطے یہ باتیں لکھ رہا ہوں تو مجھے ایک اور بات یاد آگئی۔ میں اِس

صوبہ کے ایک مغربی ضلع کا رہنے والا ہوں۔ ابھی کچھ دن ہوئے پنڈت جواہرلال نہرو اس ضلع کے ایک چھوٹے سے قصبہ میں آئے تھے۔ ریل کے اسٹیشن سے قصبہ کو جو سڑک جاتی تھی بہت ہی خراب ہو رہی تھی۔ جگہ جگہ گڈھے تھے اور کچی مٹی کی کوئی حد نہ تھی۔ حالانکہ پنڈت جواہرلال موٹر میں گئے تھے لیکن ان گڈھوں کی وجہ سے اُنھیں بڑی تکلیف ہوئی۔ جلسہ میں کئی ہزار کا مجمع تھا۔ ڈیس پر کھڑے ہوتے ہی اُنھوں نے کہا " بھائیو! جس ضلع کے ڈسٹرکٹ بورڈ کے ممبروں نے سڑکوں کی یہ حالت بنا رکھی ہے وہ گولی سے اُڑا دینے کے قابل ہیں۔ آزاد بھارت میں ایسے لوگوں کے لیے کوئی جگہ نہ ہوگی۔ میں چاہتا ہوں کہ میرا یہ پیغام اُن ممبروں کے پاس پہونچا دیا جائے۔

جواہرلال کے کچھ اپنے خاص اُصول ہیں جن سے وہ کبھی ایک تل بھی نہیں ہٹتے، بخواہ اُنھیں کتنا ہی لالچ دیا جائے یا اُن کو کتنی ہی مصیبت کا سامنا کرنا پڑے۔ کملا نہرو کی موت کے بعد جب وہ یورپ سے ہندوستان واپس آ رہے تھے تو اُن کا ہوائی جہاز ایک رات بھر کے لیے اٹلی کے دارالسلطنت روم میں ٹھہرا تھا۔ اٹلی میں اُن دنوں وہاں کے ڈکٹیٹر مسولینی کی طوطی بول رہی تھی۔ تم نے کچھ برس پہلے جرمنی کے ڈکٹیٹر ہٹلر اور اٹلی کے ڈکٹیٹر مسولینی کا نام ضرور سُنا ہوگا۔ ان دونوں آدمیوں نے اپنے قریب کے کمزور ملکوں کو ہضم کر لینے کا ارادہ کیا تھا۔

میں جس زمانہ کی بات لکھ رہا ہوں اُس کے کچھ دن پہلے مسولینی نے اپنی فوجیں ابی سینیا کے ملکوں میں اُتار دی تھیں۔ ابی سینیا برّاعظم افریقہ کا ایک چھوٹا سا آزاد ملک تھا۔ جواہرلال اس ظالمانہ پالیسی کے ہمیشہ سے دشمن رہے ہیں کہ کوئی ملک کسی دوسرے ملک پر قبضہ کرے۔ کملا نہرو کی موت کے بعد جواہرلال کے پاس اُن کے چند اٹلی کے دوستوں کی معرفت اطلاع بھیجی گئی کہ اُن کے اس صدمۂ جانکاہ اور نقصانِ عظیم میں مسولینی کو اُن سے بہت ہمدردی ہے۔ جواہرلال مسولینی سے کبھی ملے نہ تھے، اس لیے تعزیت کے اس پیغام پر اُن کو بہت تعجب ہوا۔ اس کے بعد اُن کے پاس سرکاری اور غیر سرکاری ذرائع سے پیغام بھیجا گیا کہ مسولینی اُن سے ملنے کا خواہشمند ہے۔ پنڈت جی جانتے تھے کہ اگر وہ مسولینی سے ملے تو اس سے یہ مطلب نکالا جائے گا کہ بھارت ورش بھی جس کے جواہرلال لیڈر ہیں مسولینی کی اس غاصبانہ پالیسی سے متفق ہے اور یقیناً اس ملاقات کو اٹلی کے اخبار اسی رنگ میں رنگتے، کیونکہ ایسی ہی رنگ آمیزی کے ساتھ خبریں شائع کرنے کے یہ اخبار عادی ہوتے ہیں اور ایک مرتبہ اس سے قبل ان ہی اخباروں نے مہاتما گاندھی اور مسولینی کی ملاقات کی

ایک ایسی ہی بے بنیاد اور جھوٹی خبر اٹلی میں شائع کر دی تھی۔

اگر جواہرلال کی جگہ کوئی اور شخص ہوتا تو مسولینی جیسے بڑے ڈکٹیٹر کی دعوت ضرور منظور کر لیتا، لیکن جواہرلال نے اُس کی بڑائی کی کچھ پرواہ نہ کی، بلکہ اسی سلسلہ میں جب ایک بڑا سرکاری افسر اسی مطلب کا خط لے کر جواہرلال کے پاس آیا تو اُنھوں نے صاف صاف کہہ دیا کہ میں مسولینی سے نہ ملوں گا۔ کافی دیر تک اس افسر نے جواہرلال کو رضامند کرنے کی کوشش کی لیکن بیچارہ ناکام رہا اور اپنا سا مُنھ لے کر چلا گیا۔ روم میں ہوتے ہوئے روم کے بادشاہ کی بات نہ ماننا کچھ کم ہمت اور بہادری کی بات نہ تھی۔

بچو! جواہرلال ملک کے بہت بڑے نیتا ہیں۔ وہ موجودہ آزاد ہندوستان کے وزیرِ اعظم ہیں۔ تم سمجھتے ہوگے کہ اُن کا جیسا انسان بہت ہی سنجیدہ رہ کر ہر وقت اپنے کاموں میں مصروف رہتا ہوگا اور اگر بچے آس پاس کھیلتے ہوں گے تو اُن کی طرف توجہ کرنے کا موقع اُنھیں نہ ہوتا ہوگا۔ لیکن تمھارا یہ خیال غلط ہے اُنھیں بچوں سے بہت محبت ہے۔ جب کہیں بچے اُنھیں مل جاتے ہیں تو اُن کو بڑی خوشی ہوتی ہے۔ وہ اُن میں بچوں ہی کی طرح کھیلنے لگتے ہیں۔ اُنھوں نے اپنی کتابوں میں لکھا ہے کہ جیل میں ایک بڑی بھاری کمی جو اُنھیں بہت کھلتی تھی وہ یہ تھی کہ وہاں اُنھیں بچوں کی ہنسی سُننے کو نہ ملتی تھی۔ جب جب وہ جیل سے چھوٹ کر مکان آتے تھے تو اپنے بھانجوں اور بھانجیوں وغیرہ کے ساتھ خوب کھیلتے تھے۔ کبھی ایک جلوس بنایا جاتا جس کے آگے سب سے چھوٹا بچہ ہوتا تھا۔ سب لوگ گاتے چلتے۔

"جھنڈا اونچا رہے ہمارا"

وہی جھنڈے والا گیت جو اکثر سبھاؤں میں جھنڈا لہراتے وقت گایا جاتا ہے۔

اُن کی بہن شریمتی وجے لکشمی پنڈت کا جو آج کل روس میں ہمارے ملک کی سفیر ہیں، قول ہے کہ اگر جواہرلال یعنی اصلی جواہرلال کو دیکھنا ہو تو اُنھیں اُس وقت دیکھو جب وہ بچوں میں ہوتے ہیں، اُن کی توتلی زبان میں خود بھی بولتے ہیں اور اُن کے سے ہی کھیل کھیلتے ہیں۔

بچوں کو وہ کتنا پیار کرتے ہیں اس کے متعلق مجھے اپنا ایک ذاتی واقعہ یاد ہے۔ ۱۹۳۶ء کی بات ہے جب وہ ہمارے شہر لکھنؤ میں آئے ہوئے تھے اور گنگا پرشاد میموریل ہال میں اُن کا لکچر ہونے والا تھا یہ خبر سُن کر ہم بھی اپنے گھر سے اُن کا لکچر سُننے کو روانہ ہوئے۔ جا کر دیکھا تو ہال کے سامنے بڑا بھاری مجمع تھا۔ ساری سڑک بھری ہوئی تھی اور آدمی باہر پارک تک جمع تھے۔ ہال میں گھسنا ناممکن تھا۔ میں نا اُمید

ہوکر واپس ہی ہونے والا تھا لیکن میرا بچّہ سریندر بھی جو ساتھ تھا صرف نہرو جی ہی کو دیکھنے کے لیے آیا تھا وہ واپس جانے کے واسطے تیار نہ تھا اور ٹھہرنے کے لیے ضد کرنے لگا۔ قریب ہی کھڑے ہوئے ایک والنٹیر کو بچّہ پر ترس آگیا، چنانچہ اُس نے مجھے چپکے سے بتا دیا کہ ہال کے پیچھے کے دروازہ سے پنڈت جی آویں گے، آپ اس بچّہ کو لے کر وہیں چلے جائیے۔ میں نے ایسا ہی کیا۔ عین وقت پر پنڈت جی کی موٹر آئی اُن کے اُترتے ہی سریندر نے ہاتھ بڑھا کر سلام کیا۔ اُس کے اس سلام کی قبولیت میں اُنھوں نے بچّہ کو اپنی گود میں اُٹھا لیا اور اُس کا مُنھ چوم کر اس بات کو ثابت کر دیا کہ بچّے خواہ کسی کے بھی ہوں اُنھیں کتنے پیارے ہیں۔ وہ سب بچّوں کو اپنا ہی بچّہ سمجھتے ہیں۔ اُن کا یہ طرزِ عمل ٹھیک بھی ہے۔ کیا وہ سارے دیش کے پتا نہیں ہیں۔

بارھواں باب

زبردست اہلِ قلم

"میں ایسی کتابوں کو دونوں ہاتھ کی اُنگلیوں پر شمار کر سکتا ہوں جن کا پڑھنا زندگی میں ایک قابلِ فخر بات کہی جا سکتی ہے، چنانچہ پنڈت جواہر لال نہرو کی سات سو صفحات کی خود نوشت سوانح عمری کو پڑھ کر میں اس نتیجہ پر پہونچا کہ یہ کتاب بھی اُن ہی کتابوں میں سے ایک ہے۔"

مذکورۂ بالا خیال ایک لائق مغربی مصنف نے جس کا نام جیمس میتھیوز ہے پنڈت جواہر لال کی خود نوشت سوانح عمری کے متعلق ظاہر کیا ہے۔ اُن کی خود کی لکھی ہوئی یہ سوانح عمری جو "میری کہانی" کے نام سے مشہور ہے اُن کی لکھی ہوئی مختلف کتابوں میں سے ایک اعلیٰ درجہ کی کتاب ہے۔

اگر تم نے اوپر درج کیے ہوئے جملوں کا مطلب سمجھ لیا ہے تو تمھیں معلوم ہوگیا ہوگا کہ اس مغربی مصنف نے پنڈت جی کی اس کتاب کو دنیا کی بہترین کتابوں میں شمار کیا ہے۔ کیا اپنے ملک کے لیڈر کی کسی کتاب کی اس قدر شہرت اور مقبولیت ہم سب کے لیے فخر کی بات نہیں ہے؟

کیا تم کبھی کسی بڑے شہر کی کتابوں کی دوکان میں گئے ہو؟ اگر گئے ہو تو اُس میں تمھیں نہرو جی کی لکھی ہوئی کئی کتابیں ملی ہوں گی۔ اُن کی مندرجہ ذیل کتابیں بہت مشہور ہیں :-

(۱) باپ کے خطوط بیٹی کے نام ۔ (۲) میری کہانی ۔
(۳) دنیا کی تاریخ کی ایک جھلک ۔ (۴) ہندوستان کی کہانی ۔

مختلف اوقات میں لکھے ہوئے اُن کے مضمونوں اور مختلف موقعوں پر کی ہوئی اُن کی تقریروں کا مجموعہ بھی کتابی شکل میں چھپ چکا ہے ۔

اوپر ذکر کی ہوئی آخری تین کتابیں اُنھوں نے جیل میں لکھی تھیں ۔ جیل میں کتابیں لکھنے کی بابت شاید تمھیں کچھ تعجب ہوگا ۔ لیکن یہ تینوں کتابیں در اصل جیل ہی میں لکھی گئی تھیں ۔ جیل میں کتاب لکھنا مشکل ضرور ہے کیونکہ وہاں نہ تو مددگار کتابیں ہی مل سکتی ہیں اور نہ لکھنے پڑھنے کے واسطے کوئی سہولیت ہی حاصل ہوتی ہے ۔ تم کہوگے کہ اس کے باوجود پھر جواہر لال جی کیونکر وہاں کتابیں لکھ سکے ۔ سُنو ! بات یہ ہے کہ اُن میں ایک بڑی عمدہ عادت یہ تھی کہ جب وہ کوئی کتاب پڑھتے تو اُس کی ضروری باتوں کو ایک کاپی میں بطور یادداشت کے لکھ لیتے تھے ۔ ایسی بہت سی کاپیاں اُن کے پاس اب تک محفوظ ہیں ، جن میں اُنھوں نے اپنی پڑھی ہوئی کتابوں کا مخلص لکھ چھوڑا ہے ۔ یہ کاپیاں جیل میں کتابیں لکھتے وقت بڑے کام آئیں ۔ کیا تمھارے نزدیک کتابیں پڑھنے کا یہ سب سے اچھا طریقہ نہیں ہے ؟ کیا تم بھی ایسا ہی کرتے ہو ؟ اس طریقہ کو تمام طالب علموں کو عمل میں لانا چاہیے ۔ اگر تم نے اس طریقہ پر اب تک عمل نہیں کیا ہے تو اپنے لیڈر سے سبق لو اور آئندہ ایسا ہی کیا کرو ۔

اچھا ، آؤ ، اب ذرا ان کتابوں میں سے ہر ایک کے بارہ میں الگ الگ تمھیں کچھ بتا دیں ۔

" باپ کے خطوط بیٹی کے نام " اس کتاب کے نام ہی سے معلوم ہوتا ہے کہ اس کتاب کے خطوط پنڈت جواہر لال نہرو نے اپنی بیٹی کو لکھے تھے ۔ اُس وقت اُن کی بیٹی اندرا کی عمر دس برس کی تھی خطوط کے اس مجموعہ میں دنیا کی شروع کی تاریخ کا بیان ہے ۔ اندرا اُن دنوں مسوری کے ایک اسکول میں پڑھتی تھی ، چنانچہ خطوں ہی خطوں میں جواہر لال نے اپنی بیٹی کو دنیا کی ابتدائی تاریخ کی باتیں بتا دی تھیں ۔ زمین کیسے بنی ، اُس پر آدمی نے کیسے رہنا شروع کیا ۔ ذاتیں کیونکر قائم ہوئیں ۔ لوگوں نے بات چیت کرنے کے واسطے زبان کس طرح بنائی اور لکھنا کیونکر سیکھا ۔ آرین لوگ کس طرح آکر اس ملک میں بسے ، اور راماین اور مہابھارت کے واقعات کیونکر واقع ہوئے ۔ ان ہی ساری باتوں کا ان خطوط میں بیان ہے ۔

دوسری کتاب " دنیا کی تاریخ کی ایک جھلک " میں بھی اسی طرح کے خطوط ہیں جو اُنھوں نے

مختلف جیلوں سے اپنی بیٹی اندرا کو لکھے تھے۔ ان خطوط کے لکھنے کے زمانہ میں اندرا بڑی ہو چلی تھی۔ ان خطوط میں بھی اُنھوں نے اندرا کو دنیا کی تاریخی باتیں لکھ لکھ کر بھیجی تھیں۔

تاریخ کا نام سُن کر شاید تم سوچتے ہوگے کہ ان خطوط میں تاریخ کی ایسی ہی غیر دلچسپ اور خشک باتیں ہوں گی جیسی کہ اکثر تمھاری تاریخ کی کتابوں میں تمھیں پڑھنے کو ملتی ہیں۔ نہیں یہ سمجھنا غلطی ہوگی ان خطوط میں اُنھوں نے تاریخ جیسے مضمون کو بڑا آسان، دلچسپ اور مزہ دار بنادیا ہے۔ تاریخ کے علاوہ جگہ جگہ اُنھوں نے گھریلو معاملات اور جیل کی زندگی کا جو ذکر کیا ہے اُس سے کتاب اور بھی دلچسپ بن گئی ہے۔ اس کتاب کے دیباچہ میں اُنھوں نے لکھا ہے:۔

"دنیا کی تاریخ پر کسی شخص کا کچھ لکھنا ہمت کا کام ہے۔ میرے لیے بھی اس قسم کی جرأت کرنا ایک عجیب بات تھی کیونکہ میں نہ مصنف ہوں اور نہ میرا شمار تاریخ جاننے والوں ہی میں ہے۔ کوئی بڑی کتاب لکھنے کا تو میرا خیال بھی نہ تھا لیکن جیل کے لمبے اور تنہائی کے دنوں میں کچھ نہ کچھ شغل ضروری تھا۔ میرا خیال آج کل کی دنیا اور اس کے پیچیدہ معاملات سے ہٹ کر پُرانے زمانہ کی طرف دوڑتا پھرتا تھا۔ دنیا کی پُرانی تاریخ ہمیں کیا کیا سبق سکھاتی ہے اور کس قسم کی روشنی آج کل کی تاریکی پر ڈالتی ہے؟ یہ خیالات میرے دماغ کو پریشان کرتے رہتے تھے، چنانچہ اس پریشانی کو دُور کرنے کے لیے میں نے تاریخ کا بغور مطالعہ کیا اور اُس سے آج کل کی حالت کو سمجھنے کی کوشش کی۔ دماغ میں جو خیالات قائم ہوتے ہیں اُن کو کاغذ پر لانے کے لیے جب غور کیا جاتا ہے تو اُن سے نئی نئی باتیں نکلتی ہیں۔ اسی لیے میں نے ان خیالات اور واقعات کو قلمبند کرنا شروع کیا۔ پھر اندرا کی یاد نے مجھے اُس کی طرف کھینچا، چنانچہ یہ خیالات اس طرح اندرا کے نام خطوط کی شکل میں تبدیل ہو گئے۔"

دیباچہ کی اوپر کی عبارت سے صاف ظاہر ہے کہ کتاب کی ابتدا کیسے ہوئی۔ اب میں یہاں پر تمھارے واسطے دو ایک خطوں کے کچھ اقتباس درج کرتا ہوں، جس سے تمھیں اُن خطوں کی اصلی صورت سمجھنے میں آسانی ہوگی۔ ایک خط کی ابتدا اُنھوں نے اپنی بیٹی کے لیے ان الفاظ سے کی۔ پری درشنی، آنکھوں کی پیاری، لیکن جب آنکھوں سے اوجھل تو اور بھی پیاری۔

ان الفاظ کو پڑھ کر تمھاری طبیعت خوش ہوئی؟ "آنکھوں کی پیاری، لیکن جب آنکھوں سے اُوجھل تو اور بھی پیاری"

ان الفاظ میں باپ کی محبت اپنی بیٹی کے لیے چھلکی پڑتی ہے۔ کتنی پیاری ہوگی اندرا پنڈت جی کو۔ اس کا اندازہ تمھیں اوپر کے الفاظ سے لگ جائے گا۔ اندرا کا دوسرا پیار کا نام پری درشنی بھی تھا۔ اس کا مطلب ہے 'آنکھوں کو پیاری لگنے والی'۔

اُنیسواں خط بڑے معرکہ کا ہے اور تمھیں بہت پسند آئے گا۔ اس میں اُنھوں نے اپنے باپ کی موت پر اپنے دل کی حالت کی تصویر کھینچی ہے۔ اُس کو مختصر کر کے میں یہاں تمھارے واسطے درج کرتا ہوں۔ یہ خط جب اُنھوں نے لکھا تھا تب وہ 'کرے کو بیا' نامی جہاز پر ہندوستان سے لنکا جا رہے تھے۔ اب لو، وہ خط پڑھو۔

"کرے کو بیا جہاز سے۔

۲۱ راپریل ۱۹۳۱ء

تمھیں خط لکھنے میں بہت دن ہو گئے۔ قریب تین مہینے۔ دُکھ، پریشانی اور مصیبت کے تین مہینے گذرے۔ ہندوستان اور سب سے بڑھ کر ہمارے خاندان میں انقلابات کے یہ تین مہینے۔ ہمارے خاندان نے اپنا وہ پیارا بزرگ کھو دیا جس نے ہمیں طاقت اور پھرتی دی تھی، جس کے سایہ میں ہم سب بڑے ہوئے اور اپنی جنم بھوم بھارت ماتا کے واسطے اپنی استعداد کے موافق اپنا فرض ادا کرنا سیکھا۔

نینی جیل کا وہ دن مجھے کتنی اچھی طرح یاد ہے۔ ۲۶ رجنوری کا دن تھا اور میں ہمیشہ کی طرح پُرانی باتوں کے بارہ میں تمھیں خط لکھنے بیٹھا تھا۔ اُس کے ایک دن پہلے میں تمھیں چندر گپت اور اُس کی قائم کی ہوئی موریہ سلطنت کے بارہ میں کچھ لکھ چکا تھا۔ میں نے وعدہ کیا تھا کہ اگلے خط میں تمھیں دیوتاؤں کے پیارے اشوک اعظم کے بارہ میں بتاؤں گا جو ہندوستان کے آسمان پر ستارہ کی طرح چمکا اور اپنا نام بلند کر کے غائب ہو گیا۔ جب میں اشوک کا خیال کر رہا تھا تو میرا دل گھوم پھر کر ۲۶ رجنوری کی طرف لوٹ آیا۔ یہ ہم لوگوں کے لیے ایک بہت اہم دن تھا، کیونکہ ایک سال پہلے اسی دن ہم نے سارے ہندوستان کے شہروں اور دیہاتوں میں پورن سوراج منایا تھا اور لاکھوں آدمیوں کی تعداد میں ہم نے آزادی کا عہد کیا تھا۔ اُس وقت سے ایک سال گذر گیا۔ جدوجہد اور مصیبتوں کا ایک سال۔

جب میں نینی جیل کی چھ نمبر کی بارک میں بیٹھا ہوا تھا تو باہر سے اطلاع آئی کہ دادو ر پنڈت موتی لال نہرو) بہت بیمار ہیں اور اُن کے پاس جانے کے لیے میں فوراً چھوڑ دیا جاؤں گا۔ میرا دل فکر سے بھر گیا اور سارے خیالات کو بھول گیا۔ تمھیں جو خط لکھنے جا رہا تھا وہ ایک طرف رکھ دیا اور نینی جیل سے آنند بھون کے لیے چل پڑا۔

دس دن تک میں دادو کے ساتھ رہا۔ اس کے بعد وہ ہمیں چھوڑ کر چل دیے۔ دس دن تک ہم اُن کی تکلیفوں، مصیبتوں اور موت کے فرشتوں سے اُن کے بہادرانہ مقابلہ کو دیکھتے رہے۔ اپنی زندگی میں اُنھوں نے بہت سی لڑائیاں لڑی تھیں اور بہت مرتبہ وہ فتحیاب رہے۔ شکست تو وہ جانتے ہی نہ تھے اور موت کو اپنے سامنے کھڑا دیکھ کر بھی وہ پیچھے ہٹنے کو تیار نہ تھے۔ میں اُن کی اس آخری جنگ کو دیکھ رہا تھا اور اپنی بے بسی پر بے چین ہو رہا تھا۔

۶ر فروری کی صبح کو وہ ہمیں چھوڑ کر چل دیے۔ آزادی کے جس جھنڈے کو وہ اس قدر پیار کرتے تھے اُسی میں اُن کا جسم لپیٹ کر اُنھیں ہم آنند بھون سے گنگا جی لے گئے۔ تھوڑی ہی دیر میں اُن کا جسم جل کر مٹھی بھر راکھ ہو گیا اور گنگا نے اس انمول ہستی کو بہا کر سمندر میں پہنچا دیا۔

لاکھوں آدمیوں نے اُن کے لیے غم منایا، لیکن ہم سب اُن کے بچوں پر جو اُن کے ماس اور ہڈیوں سے بنے ہیں کیا گذری، اور اس نئے آنند بھون کا جو ہم لوگوں کی طرح ہی اُن کا بچہ ہے اور جسے اُنھوں نے بڑے پیار اور بڑی احتیاط سے تیار کرایا تھا، کیا ہوا؟ وہ اب سنسان اور ویران ہو گیا۔ گویا اُس کی جان نکل گئی، ہم اُس کے برآمدوں میں برابر اُن ہی کا خیال کرتے ہوئے، جنھوں نے اُسے بنایا تھا، ڈرتے ہوئے دبے پاؤں چلتے ہیں تاکہ اُن کے آرام میں خلل نہ ہونے پاوے۔

اُن کے لیے ہم غم کرتے ہیں اور قدم قدم پر اُن کی کمی کو محسوس کرتے ہیں۔ دن گذرتے جاتے ہیں، لیکن نہ دُکھ کم ہوتا ہے نہ اُن کی جُدائی کی تکلیف میں کوئی کمی معلوم ہوتی دکھائی پڑتی ہے۔ لیکن پھر بھی سوچتا ہوں کہ جو کچھ ہم اس وقت کر رہے ہیں وہ اُنھیں کبھی پسند آئے گا۔ یہ ہرگز پسند نہ ہوگا کہ ہم دُکھ سے پست اور بے ہمت ہو جائیں۔ وہ تو یہی چاہیں گے کہ جس طرح اُنھوں نے اپنی تکلیفوں کا مقابلہ کیا ویسا ہی ہم اپنے رنج کا مقابلہ کریں اور اُس پر فتح حاصل کریں۔ وہ چاہیں گے کہ جو کام اُنھوں نے ادھورا چھوڑا ہے اُسے ہم جاری رکھیں۔ ایسی حالت میں ہم خاموش کیسے بیٹھ سکتے ہیں اور کیونکر ہم غم کے سامنے سر جھکا سکتے ہیں؟

ہندوستان کی آزادی کا مسئلہ ہماری خدمات کا مطالبہ کر رہا ہے۔ اسی مقصد کے لیے تو انھوں نے جان دی۔ اسی کے لیے ہم زندہ رہیں گے، کوشش کریں گے اور اگر ضرورت ہوئی تو جان بھی دیں گے۔ کچھ بھی ہو ہم اُن کی اولاد ہیں اور ہم میں اُن کی لگن، طاقت، استقلال اور جوش کا کچھ نہ کچھ حصّہ موجود ہے۔"

اگرچہ یہ خط نثر میں لکھے گئے ہیں لیکن اُن کے پڑھتے وقت کہیں کہیں نظم کا سا مزہ آجاتا ہے، جس کے نمونہ کی چند سطریں نیچے دی جاتی ہیں:۔

"جیل میں مَیں نے عجیب عجیب عادتیں پیدا کر لی ہیں۔ اُن میں ایک ہے بہت صبح، پَو پھٹنے سے بھی پہلے، اُٹھنا۔ یہ عادت مَیں نے پچھلی گرمیوں میں شروع کی۔ مجھے یہ دیکھنا بھلا معلوم ہوتا تھا کہ سویرا کیسے ہوتا ہے اور ستارے کیسے دھیرے دھیرے غائب ہو جاتے ہیں۔ کیا تم نے کبھی تڑکے سے پہلے کی چاندنی دیکھی ہے اور یہ دیکھا ہے کہ دھیرے دھیرے یہ تڑکا دن میں کیسے بدل جاتا ہے۔ میں نے چاندنی اور اس صبح کے سنگم کو اکثر دیکھا ہے جس میں صبح کی ہمیشہ جیت رہتی ہے۔ اس عجیب دُھندلی روشنی میں کبھی کبھی یہ بتانا مشکل ہو جاتا ہے کہ یہ چاندنی ہے یا آنے والے دن کی روشنی۔ تھوڑی ہی دیر کے بعد کوئی شبہ باقی نہیں رہ جاتا۔ دن ہو جاتا ہے اور پیلا چاند لڑائی میں ہار کر پیچھے ہٹ جاتا ہے۔"

میں چاہتا تھا کہ تمھیں "دنیا کی تاریخ کی جھلک" کی کچھ اور جھلک دکھاتا، اس کی کچھ اور خوبیاں تمھیں بتاتا لیکن ایک تو یہ باب یوں ہی اتنا بڑھ گیا ہے دوسرے ابھی اُن کی دو اور مشہور کتابوں کا بیان کرنا باقی ہے۔

ان دو میں سے ایک تو اُن کی خود نوشت سوانح عمری ہے جس کا نام اُنھوں نے "میری کہانی" رکھا ہے۔ 'میری کہانی' کے بارہ میں زیادہ لکھنے کی ضرورت نہیں ہے۔ اس میں اُنھوں نے اپنی زندگی کے واقعات بڑی خوبی سے درج کیے ہیں۔ اپنی زندگی کی کہانی کہتے کہتے اُنھوں نے مختلف واقعات کے بارہ میں اپنی رائے صفائی اور ایمانداری کے ساتھ ظاہر کی ہے۔ علاوہ اس کے اُس میں اُن آدمیوں میں سے بعض پر جن کے ساتھ اُنھیں کام کرنا پڑا ہے کڑی تنقید کی ہے اور جو قابل تعریف ہیں اُن کی تعریف۔ مہاتما گاندھی کی تصویر الفاظ میں کھینچتے ہوئے ایک مقام پر لکھا ہے:۔

"اس دُبلے پتلے جسم والے چھوٹے سے آدمی میں فولاد کی سی مضبوطی ہے، کچھ چٹان جیسی قوت ہے جو جسمانی طاقتوں کے سامنے نہیں جھکتی، خواہ یہ طاقتیں کتنی ہی بڑی کیوں نہ ہوں اور اگرچہ اُن کی

شکل و صورت، اُن کا برہنہ جسم، اُن کی چھوٹی دھوتی ایسی نہیں ہے کہ اُس سے کسی پر اُن کی دھاک جمے لیکن وہ شیر جیسی بہادری اور بادشاہ جیسے اثر کے مالک ضرور ہیں جو دوسروں کو خوشی خوشی اُن کا حکم بجالانے کو مجبور کر دیتی ہے۔ اگرچہ اُنھوں نے بہت ہی انکسار اور سادگی کا طریقہ اختیار کر رکھا ہے لیکن طاقت اور سچائی کا اتنا بڑا خزانہ اُن کے پاس موجود ہے کہ کبھی کبھی تو وہ ایک بادشاہ کی طرح حکم جاری کر دیتے ہیں جس کو ہر شخص کو پورا ہی کرنا پڑتا ہے۔ اُن کی خاموش لیکن گہری آنکھیں آدمی کو جکڑ لیتی ہیں اور اُس کے دل کے اندر تک کی باتیں تلاش کر لیتی ہیں۔ اُن کی صاف ستھری آواز میٹھی گونج کے ساتھ دل کے اندر داخل ہو کر اور ہمارے جذبات کو بیدار کر کے اپنی طرف کھینچ لیتی ہے اُن کی بات سُننے والا چاہے ایک شخص ہو یا ہزار ہوں اُن کے مقناطیسی اثر سے اُن کی طرف کھنچے بغیر نہیں رہتا۔ گویا کہ وہ جادو کے اثر میں پھنس جاتا ہے۔ اُن کی بات ہمیشہ آسان ہوتی ہے۔ غیر ضروری الفاظ کا استعمال شاید ہی کبھی ہوتا ہو۔ محض اُن کی بے لاگ سچائی اور اُن کی شخصیت ہی دوسروں کو پابند کر لیتی ہے۔ اُن سے ملنے پر یہ خیال قائم ہو جاتا ہے کہ اُن کے اندر بہت ہی زبردست رُوحانی طاقت کا خزانہ بھرا ہوا ہے۔ گاندھی جی کے متعلق سب سے زیادہ کمال کی بات یہ ہے کہ وہ اپنے مخالفین کو یا تو سولہ آنے جیت لیتے ہیں یا کم از کم اُن کو بے ہتھیار ضرور کر دیتے ہیں۔"

"میری کہانی" پہلے پہل انگلینڈ میں انگریزی زبان میں چھپی تھی۔ ہندوستان کے علاوہ امریکہ اور یورپ کے ملکوں میں اس کی لاکھوں جلدیں ہاتھوں ہاتھ فروخت ہو گئیں۔ بعد میں اس کا ترجمہ ہندی اور ہندوستان کی دوسری زبانوں میں شائع ہوا۔ ان کی اس 'میری کہانی' کے متعلق ہماری غلامی کے زمانہ کے ایک وائسرائے نے کہا تھا ــــ کوئی شخص نہرو کی اس کتاب کو پڑھے بغیر ہندوستان کو نہیں سمجھ سکتا۔

'ہندوستان کی کہانی' اُن کی حال ہی کی لکھی ہوئی کتاب ہے۔ یہ احمد نگر جیل میں لکھی گئی تھی۔ اس میں اُنھوں نے ہندوستان کی تاریخ بڑے عمدہ اور دلکش طریقہ سے لکھی ہے۔ آریوں کے آنے سے پہلے جب ہندوستان میں سندھ ندی کی گھاٹی کی تہذیب بہت بلند تھی اور جو حال کی تحقیقات سے ثابت ہو چکی ہے اُس وقت سے لے کر زمانۂ حال تک کی تاریخ کا اس میں بیان ہے۔ تاریخی واقعات کے بارہ میں اس کتاب میں اُنھوں نے اپنی رائے تو صاف صاف ظاہر کی ہے لیکن اس کے

ساتھ ہی اپنے اور غیر ملکوں کے کچھ پیچیدہ مسائل پر بھی بہت ہی محققانہ روشنی ڈالی ہے۔ اُمید ہے کہ آگے چل کر تم ان کتابوں کو ضرور پڑھوگے۔

پنڈت جواہرلال نہرو نے ان کتابوں کو لکھ کر ملک کی بڑی خدمت کی ہے۔ ان کتابوں میں اُنھوں نے جگہ جگہ ہندوستان کی آزادی کے متعلق بڑے زوردار دلائل پیش کیے ہیں۔ ان سے غیر ملک کے لوگوں نے ہماری آزادی کے مطالبہ کا صحیح مطلب سمجھ لیا اور اب ہمارے ملک کے لوگ بھی سمجھتے ہوں گے کہ ان کتابوں نے ملک کو غلامی کی قید سے چھڑانے میں کتنی مدد کی ہے۔ تم میں سے شاید کوئی منھ بنا کر کہے کہ کتابوں سے کہیں آزادی ملتی ہے، لیکن میرے چھوٹے دوستو! کیا تم نے نہیں سُنا — قلم میں تلوار سے زیادہ طاقت ہے۔

تیرھواں باب

پنڈت جواہرلال کے خیالات

کسی شخص کو اچھی طرح سمجھنے کے لیے مختلف معاملات پر اُس کے خیالات سے واقف ہونا ضروری ہے۔ چونکہ پنڈت جواہرلال نہرو کے حالاتِ زندگی سے متعلق ہماری کتاب اب خاتمہ پر ہے، اس لیے ہمارے ملک کے اہم معاملات اور مسائل پر اُن کے جو خیالات ہیں اُن کا معلوم کر لینا مفید ہوگا۔

چونکہ وہ ایک ضبط و نظم کی زندگی کے عادی ہیں، اس لیے انفرادی اور قومی دونوں قسم کی زندگی کے بارہ میں ضبط و نظم کا بہت خیال رکھتے ہیں۔ اگر کبھی اُن کے بڑے جلسوں اور مجمعوں کو خطاب کرتے وقت لوگ بے نظمی کا اظہار کرتے ہیں تو وہ اُن لوگوں کو بہت سخت ملامت کرتے ہیں۔

اس کتاب کا مولف ایسے بہت سے بڑے مجمع کے جلسوں میں شریک ہوا ہے جن کو جواہرلال نے خطاب کیا ہے۔ اگر جلسہ کے کسی کونے میں غیر معمولی مجمع ہوا تو جواہرلال فوراً ہی ڈیس سے اُتر کر حاضرین میں سے اس حصہ کے لوگوں پر ضبط و نظم کی عدم پابندی کا سختی سے الزام دیتے۔ ایک جلسہ میں کچھ لوگ حلقہ کو توڑ کر اندر داخل ہونا چاہتے تھے، بیچارے والنٹیر بہت پریشان تھے کیونکہ وہ بڑھتے ہوئے مجمع کو روک نہ سکتے تھے جس وقت جواہرلال ڈیس کی طرف جا رہے تھے تو اُن کی تیز نگاہوں نے فوراً اس کو

دیکھ لیا۔ وہ ہاتھ بڑھا کر غیر قابو یافتہ مجمع کے سامنے آکر کھڑے ہو گئے، بے نظم مجمع کو روکا اور اُن کے اس فعل پر بہت سخت سُست کہا۔ اسی قسم کے ایک دوسرے موقع پر میں نے اُن کو ایک خوفناک غصہ میں بھرا دیکھا، لیکن جیسے ہی کہ مجمع قابو میں آگیا اُن کے چہرہ پر ایک بہت ہی خوشگوار مسکراہٹ پیدا ہو گئی اور اُنھوں نے حاضرین سے اپنے سخت رویہ کے متعلق معذرت کی۔ ناراضگی اور غصہ کے بادل جلد ہی جاتے رہے اور خوشی اور دوستی کے آثار پھر ظاہر ہونے لگے۔

اُن کا عقیدہ ہے کہ کوئی قوم ضبط و نظم کی سخت پابندی کے احساس کے بغیر زیادہ کامیاب نہیں ہو سکتی اور وہ ہر جوان لڑکے اور لڑکی کو بتا دینا چاہتے ہیں کہ ضبط و نظم قومی ترقی کے واسطے ایک اہم چیز ہے۔

اُن کی بدمزاجی اُن کے حلقۂ احباب میں مشہور ہے لیکن اُن کی طبیعت میں تلخی نہیں ہے، چنانچہ جو لوگ اس سے واقف ہیں اُن کو اس بات سے کوئی تکلیف نہیں ہوتی۔ وہ خود اپنی طبیعت کی اس کمزوری کو جانتے ہیں اور اس کی اصلاح کی کوشش کرتے رہتے ہیں۔ وہ ہر بات میں اور ہر شخص سے صاف معاملہ رکھتے ہیں اور جب اُن کو محسوس ہوتا ہے کہ اُن سے کوئی غلطی ہو گئی ہے یا اُنھوں نے کسی شخص کو بلا وجہ ناخوش کر دیا ہے تو اُن کو معافی مانگ لینے میں کوئی تکلف نہیں ہوتا۔ ایک موقع پر اُن کے ایک ساتھ کام کرنے والے دوست نے اُن کی کسی بات پر ناخوش ہو کر اُن کے طرز عمل کی سخت مخالفت کی، چنانچہ جواہر لال نے اُس دوست سے کہا کہ "کم سے کم آپ تو میرے مزاج سے واقف ہیں، پھر آپ کیوں خفا ہوتے ہیں؟ مجھ جیسے بدنصیب شخص کو معاف کیجیے۔"

وہ ایسی سہل انکاری کی زندگی کو پسند نہیں کرتے جس میں کسی قسم کی مخالفت نہ ہو۔ اُن کو اپنی زندگی میں بہت سے خطروں کا سامنا ہوا، اور ایسے خطرناک کاموں کا اُنھوں نے بڑی بہادری سے مقابلہ کیا ہے اُن کا ذاتی اصول اور دوسروں کے لیے مشورہ ہے کہ "خطرات سے مقابلہ کرتے رہو۔" نوجوانوں کے مجمع کو خطاب کرتے ہوئے اُنھوں نے ایک مرتبہ کہا "میں خود تو جنگ و جدل سے خوش ہوتا ہوں اس سے میں سمجھتا ہوں کہ میں زندہ ہوں۔" وہ خطرہ سے خائف نہیں ہوتے بلکہ اس کو وہ اپنا خوشگوار ساتھی کہتے ہیں کیونکہ اس سے زندگی کے جوش و خروش میں اضافہ ہوتا ہے۔ وہ موت اور تباہی میں جو کسی معقول اور اچھے مقصد کے واسطے ہو خوشی محسوس کرتے ہیں اُن کا قول ہے کہ "زندگی کی اصلی مسرت کسی اعلیٰ مقصد کے واسطے کام کرنے میں ہے۔"

اُن کا یہ پیغام نہ صرف ہندوستان کے نوجوان مردوں بلکہ نوجوان عورتوں کے واسطے بھی ہے۔ وہ نہیں چاہتے کہ عورتیں محض وہم پرستی اور جہالت میں مبتلا رہیں۔ عورتوں کو بہت بڑے بڑے کام کرنا ہیں۔ وہ چاہتے ہیں کہ ہر نوجوان لڑکی اُسی طرح خطرہ کی زندگی بسر کرے جیسے کہ لڑکے۔ مستقبل کے ہندوستان کا اندازہ اُس کی عورتوں کی حالت سے کیا جائے گا۔ چنانچہ آج کل کی عورتوں کی حالت سے وہ بہت ہی زیادہ غیر مطمئن ہیں۔ وہ اس نظریہ سے اتفاق نہیں کرتے کہ ایک عورت کی جگہ مکان کے علاوہ اور کہیں نہیں ہے۔

جواہر لال نے اپنی تمام زندگی بھر شہنشاہیت کے خلاف جنگ کی ہے لیکن باوجود اس کے وہ برطانیہ کے دشمن نہیں ہیں۔ انگلینڈ میں اُن کے بہت سے دوست ہیں اور جب کبھی اُن کو فرصت ملتی ہے وہ انگلینڈ جاتے ہیں۔ اپنی تعلیم کے معاملہ میں جو اُنھوں نے برطانیہ کے اسکولوں اور کالجوں میں حاصل کی ہے وہ برطانیہ کے احسان کا اظہار کرتے ہیں لیکن دشمن اُن معاشی، سیاسی اور تمدنی نقصانات کی وجہ سے ہیں جو ہندوستان کو برطانیہ کے ہاتھوں برداشت کرنا پڑے ہیں۔

میں تم کو ایک معمولی واقعہ سُناتا ہوں جس کو میں نے حال ہی میں ایک رسالہ میں پڑھا ہے۔ مجھے اب سال اور اُس شخص کا نام تو یاد نہیں ہے، لیکن اس سے کوئی حرج واقع نہیں ہوتا۔ ایک مرتبہ برطانیہ میں کسی شخص نے ہندوستان پر برطانیہ کے اُس احسان کو بڑے شد و مد سے بیان کیا جو قیام امن اور لوگوں کو بہت سے دوسرے طریقوں سے آزادی دینے کے معاملہ میں کیا گیا۔ جواہر لال اس پبلک لکچر کو بیٹھے سُنتے رہے جب اُن کی باری تقریر کرنے کی آئی تو اُنھوں نے یہ کہتے ہوئے مقرر کو پریشان اور لاجواب کر دیا کہ ”حضرات! میں امن اور آزادی کے بارہ میں برطانیہ کے لیے اپنی احسان مندی سے انکار نہیں کرتا، لیکن یہ امن قبر کا امن ہے اور آزادی پنجرے کی آزادی ہے“ مقرر نے جو عمدہ اثر اپنی تقریر سے قائم کر لیا تھا وہ جواہر لال کے اس ایک بامذاق جملے سے جاتا رہا۔

اُن کے ہندوستانی سیاسیات کے میدان میں آنے سے قبل ہم دوسرے ملکوں سے ہٹ کر اپنے ہی ملک کے معاملات پر غور کیا کرتے تھے۔ یہ خیال نہیں کیا جاتا تھا کہ ہندوستان دنیا بھر کی قوموں کے بڑے خاندان کا ایک جزو ہے۔ خاندان میں اگر کوئی بیمار یا غمگین ہو تو دوسرے لوگ خوش نہیں رہ سکتے۔ یہی بات سیاسی امور کے بارہ میں بھی ہے۔ اگر کوئی خاص ملک غلامی، جنگ یا مالی دشواریوں سے دوچار ہو تو اس سے دوسرے ملکوں اور قوموں پر بھی اثر پڑے گا۔ ہمارے ملک کی قومی خوش حالی دور یا نزدیک کے

دوسرے ملکوں کی خوش حالی سے وابستہ و منسلک ہے۔

یہ نظریہ بین الاقوامی نظریہ کہا جاتا ہے۔ ہمارے ملک کے لوگوں میں اس نظریہ کو ترقی دینے میں جواہرلال نے سب سے زیادہ کام کیا۔

سیاسی سرگرمیوں میں انتہائی مصروف رہنے کے باوجود جواہرلال نے سائنس، فنون اور ادب کے اعلیٰ فوائد کو نظرانداز نہیں کیا۔ وہ سائنس دانوں کے بڑے دوست ہیں اور سائنس کی توسیع میں بڑی مدد کرتے ہیں۔ اُن کی خواہش ہے کہ لائق نوجوان اور لڑکیاں نہ صرف اس ملک کے کالجوں اور یونیورسٹیوں میں بلکہ بیرونی ممالک میں بھی سائنس کے مطالعہ اور سائنسی تعلیم حاصل کرنے میں بڑھتی ہوئی دلچسپی لیں۔ وہ ہندوستان کی تعمیر سائنسی بنیاد پر چاہتے ہیں تاکہ اُس کی صنعتوں کو ترقی دی جاسکے اور اُس کی زراعت کو جدید طریقوں پر لایا جاسکے۔ اُن کو اُمید ہے کہ مستقبل میں ہندوستان پھر سائنس کا گھر ہو جائے گا۔

فنون لطیفہ میں جواہرلال علمی پہلو اور اصلیت کے دلدادہ ہیں۔ اُن کا عقیدہ ہے کہ فنون کا اصلی کام یہ ہے کہ ہماری قومی زندگی کو خوش اور مسرور بنادے۔ اگر زندگی کے معاملات اور اصلیت سے اس کا تعلق نہیں ہے تو وہ بیکار اور مُردہ چیز ہے۔ اُن کے قول کے مطابق فنون کا خاص مقصد صرف آنکھوں کو خوش کرنا نہیں ہے بلکہ یہ ہے کہ انسان کو اُس کے بقائے حیات کی پیچیدگیوں میں مدد کرتا رہے۔

ایک مرتبہ جبکہ وہ لکھنؤ میں فنون کی ایک نمائش کی صدارت کر رہے تھے تو اُنھوں نے اسکولوں میں فنون کی موجودہ تعلیم کے بارہ میں سخت تنقید کی۔ اُنھوں نے قہقہہ کے درمیان کہا "میں نے اپنی تصویر اسکولوں اور دوکانوں کی دیواروں پر لٹکی ہوئی دیکھی ہے۔ اگر میرا چہرہ اتنا بدصورت ہوتا جتنا کہ ان تصویروں میں بنایا گیا ہے تو میں خودکشی کر لیتا۔"

اسی طرح وہ چاہتے ہیں کہ ادب بھی قومی زندگی کا آئینہ ہو۔ مصنفین اور مؤلفین کے لیے اُن کا مشورہ ہے کہ اُن کو ملک کے عوام کے واسطے مفید مضامین پر ایسی کتابیں لکھنا چاہیے جن کی زبان سادہ اور آسانی سے سمجھ میں آجانے والی ہو۔ اُن کی بات اور آواز کا زیادہ سے زیادہ عوام تک پہونچنا ضروری ہے۔ اُن کو عوام کے دلوں تک اپنی بات پہونچانا چاہیئے اور صرف اُن ہی لوگوں کے رنج اور خوشی سے اُن کو تعلق رکھنا چاہیے۔

معیارِ زندگی یعنی امیری اور غریبی کے بارہ میں جواہرلال کے نظریے مہاتما گاندھی کے نظریوں سے

بہت مختلف ہیں۔ مہاتما گاندھی کی رائے میں خدا خاص کر غریبوں کا ہوتا ہے اور وہی لوگ خدا کے منتخب بندے ہیں۔ دوسرے الفاظ میں اُن کا مطلب یہ ہے کہ غریب ہونا اچھی بات ہے۔

جواہر لال کو غریبی کی یہ عظمت ناپسند ہے۔ اُن کو زندگی کا یہ رُخ بالکل پسند نہیں ہے۔ اُن کے نزدیک غریبی ایک قابل نفرت چیز ہے۔ اُس کے خلاف جنگ کرنا چاہیئے۔ اُس کو جڑ سے اُکھاڑ پھینکنا چاہیے۔ اور کسی طریقہ پر اُس کی ہمت افزائی نہ کرنا چاہیئے۔ اُن کی خواہش ہے کہ اُن کے ملک کے لوگ امیر ہوں اور اُن کا تمدن بلحاظ معاشیات و تہذیب بلند ہو۔

اب ہم امریکی سفیر ڈاکٹر گریڈی کے اظہار عقیدت کے اُن الفاظ کو جو ڈاکٹر موصوف نے موجودہ ہندوستان کے وزیر اعظم پنڈت جواہر لال نہرو کے متعلق حال ہی میں پیش کیے ہیں یہاں پر درج کر کے کتاب کو ختم کرتے ہیں۔ اس اقتباس سے معلوم ہو گا کہ پنڈت جواہر لال نہرو کتنے زبردست مُدبّر اور کس قدر غیر معمولی دل و دماغ کے انسان ہیں۔ خدا اُن کو عمر طویل عطا فرمائے تاکہ اُن کے زیر سایہ بھارت ورش کا دامن سیاسی آزادی کے ساتھ ہی اقتصادی ترقی و خوش حالی سے بھی جلد سے جلد مالا مال ہو جائے۔

"میں پنڈت جواہر لال کی قیادت اور اُن کی حُبّ الوطنی اور سیاسی دقت نظری کا مُعترف ہوں۔"

"ہندوستان ایک بہت بڑا ملک ہے لیکن اُسے آج کل کم و بیش وہی مشکلات درپیش ہیں جو آج سے ایک سَو ستر برس پہلے ہمارے ملک کو درپیش تھے، مجھے اُمید ہے کہ پنڈت جواہر لال نہرو جیسے رہنماؤں کی قیادت میں ملک ترقی کے منازل طے کرے گا۔"

"آپ لوگوں میں بلامنت غیرے اپنے ملک میں حکومت کرنے کا سلیقہ ہے۔ آپ کا وزیر اعظم غیر معمولی دل و دماغ کا انسان ہے۔ دنیا میں کم آدمی ان کے پایہ کے ہیں۔ ان کی رہنمائی میں آپ کا ملک دنیا کے اہم ترین ملکوں میں ہو جائے گا۔"